Kay Müffelmann

**AFRIKA**
**für Ahnungslose**

MUSKETIER VERLAG

Kay Müffelmann

# AFRIKA
## für Ahnungslose

### Tipps und Storys für Erstreisende

MUSKETIER VERLAG

# Danke

meiner Familie,
die mir meine Zeit in Afrika gönnt,

meinen Freunden
Heike, Walter, Tim, Malte und Sönke Holch,
Ulla, Rolf, Oliver und Raimund Rohrmüller,
Uschi und Christian Schmitt,
Jörg Melzheimer und Ralf Röder

sowie allen Freundinnen und Freunden
von der Namibia-Connection!

# Inhaltsverzeichnis

Kay Müffelmann
(1961 geboren), entdeckt seine Leidenschaft für Afrika in frühester Kindheit, überträgt diese Passion auf seine älteste Tochter, die schließlich Ursache seiner ersten Afrikareise wird. Diese Reise verläuft 2010 so unproblematisch, dass sie Grundstein für bis heute weitere sieben Afrika-Touren wird. In seinem Erstlingswerk packt der Autor, bundesweit agierende Strafverteidiger und wohl norddeutscheste Afrika-Experte, nützliche Leben und Lebensqualität bewahrende Ratschläge aus seinem Füllhorn an Wissen und Erfahrungen in Tipps und Storys, die den Leser leicht und locker ins Abenteuer Afrika hineinziehen. Manchmal bis knapp vor die Elefantenherde.

# Vorwort

## „Afrika ist hipp!"

Überall begegnen uns Angebote von Reiseveranstaltern, die uns – zu oft unschlagbaren Preisen – in Reisegruppen durch das südliche Afrika führen wollen. Reiseziele wie Südafrika, Namibia und Botswana sind gefragt wie nie. Die Weite der afrikanischen Landschaft, ihre Schönheit und ihr Tierreichtum sowie oftmals stille Abgeschiedenheit, sagenhafte Sonnenuntergänge und ein rabenschwarzer, aber klarer Sternenhimmel dürften die Sehnsucht in dem ein oder anderen von uns wecken, auch einmal nach Afrika zu fliegen. Es ist an der Zeit, sich den lang gehegten Wunsch zu erfüllen, das südliche Afrika zu entdecken, zumal Flüge dorthin je nach Jahres- und Ferienzeit sehr günstig zu bekommen sind. Aber es ist nicht jedermanns Sache, mit einer Reisegruppe, in Reisebusse gezwängt, mit vielen anderen Leuten, mit denen man sich versteht oder auch nicht, Zeit auf engstem Raum zu verbringen. Also – warum nicht Afrika auf eigene Faust entdecken?

Weil Afrika unbekannt und weit weg ist?
Weil die Menschen dort anders sind und anders sprechen?
Weil andere Sitten und Gebräuche herrschen?
Das alles sind keine Gründe, sich nicht auf eigene Faust auf den Weg zu machen. „Nehmen Sie doch einfach Ihren Mut zusammen, buchen Sie einen Flug und einen Mietwagen und fahren Sie los!" – „Traue ich mir nicht zu!?" Unsinn. Selbstverständlich können Sie sich diesen Wunsch erfüllen. Sofern Sie sich in Länder mit einigermaßen stabilen politischen Verhältnissen begeben, sollte das Ganze kein Problem sein. Insbesondere Südafrika, Namibia und Botswana gewährleisten ausreichend Sicherheit und Infrastruktur, insofern Sie ohne Weiteres mit einem Mietwagen durch die Länder fahren können. Wenn sie dabei einige Hinweise im Hinblick

auf Umgang mit Land und Leuten, Tieren und Landschaft beachten, wird Ihnen ein unvergesslicher Urlaub beschert werden. Mutmaßlich werden auch Sie – wie so viele Afrika-Urlauber und auch ich – Afrika für sich entdecken, liebgewinnen, mit Wehmut abreisen und später wiederkommen. Die Sehnsucht nach Afrika wird Sie dann kaum wieder loslassen. Dieses Buch soll ein Leitfaden für diejenigen sein, die zum ersten Mal einen Entdeckungstrip in das südliche Afrika unternehmen wollen. Ein Leitfaden für all jene, die die afrikanische Tierwelt gegebenenfalls als junge Menschen durch Fernsehserien wie „Daktari" oder Professor Grzimeks „Ein Platz für Tiere" nahegebracht bekommen haben und nun selbst auf Entdeckungsreise gehen wollen. Es lohnt sich!
Ich möchte mit diesem Buch Vorbereiter und zugleich Wegbegleiter auf einem Streifzug durch das südliche Afrika sein. Ich werde mit Ihnen in Deutschland in das Flugzeug steigen, mit Ihnen auf Tour gehen und in Deutschland wieder aus dem Flugzeug steigen. Den Verlauf dieser Reise werde ich mit Berichten über Erfahrungen, die ich selbst gemacht habe, und erlebten Geschichten ergänzen. All das, was mir vom Abflug in der Heimat bis zur Rückkehr bemerkens- und wissenswert erscheint, werde ich Ihnen für Ihren Trip nach Afrika mit auf den Weg geben.

Ich möchte zugleich Begleiter auf einem beispielhaften Streifzug durch das Etosha- Reservat sein und hoffe damit, Ihnen wesentliche Grundlagen vermitteln zu können, die für erfolgreiche Wildausfahrten wichtig sind. Ich möchte die Liebe zur afrikanischen Natur, insbesondere zu ihrer Tierwelt, wachrufen und Ihnen bei der Planung sowie bei der Durchführung entsprechender Touren behilflich sein.

Auch der Umgang mit der einheimischen Bevölkerung will gelernt sein: Nicht selten sieht man sich – insbesondere als weißer Tourist – mutmaßlich postkolonialistischen Vorwürfen ausgesetzt, die man häufig nicht einfach von der Hand wischen sollte, aber manchmal auch zu parieren sind. Wir dürfen nicht vergessen, dass aus Sicht der ganz überwiegenden Bevölkerungsteile im südlichen Afrika derjenige, der es sich als Tourist leisten kann, nach Afrika zu kommen, unglaublich reich sein muss. Letztlich ist diese Sicht der Dinge auch angemessen: Noch heute herrscht in den allermeisten Teilen Afrikas bittere Armut. Eigentlich ist es erstaunlich, wie zufrieden viele Menschen dort mit ihrer Situation immer noch sind, wie fröhlich und positiv sie ihr Leben zu meistern versuchen. Auch davon können wir lernen. Sicherlich liegt der Weisheit letzter Schluss nicht darin, sich dem afrikanischen Lifestyle anzupassen. Natürlich macht es Sinn, über das Hier und Jetzt hinaus auch an die Zukunft zu denken. Allerdings wird Ihnen in Afrika unweigerlich vor Augen geführt, dass man im Hier und Jetzt lebt. Gedanken an die fernere Zukunft macht sich der größte Teil der schwarzen Bevölkerung – oft aus gut nachvollziehbaren Gründen – eigentlich kaum. Wenn zumeist nicht einmal das tägliche Leben gesichert ist, erübrigen sich Gedanken darüber hinaus. Ich denke, eine Lebensführung, die sich am Mittelweg orientiert, wäre die richtige. So, wie im südlichen Afrika oftmals „in den Tag hineingelebt" wird, wird und muss es in Deutschland sicher nicht gehen. So exzessiv allerdings, wie sich hier um die Zukunft gesorgt und dem Geld und Wohlstand hinterhergejagt wird, sollte es ebenfalls nicht sein. Auch wir sollten in all unserem Wohlstand, den wir uns – oftmals mit viel Mühen und gegen einen hohen Preis – erwirtschaften, nicht vergessen, auch zu leben.

Aber zurück zu Afrika: Das Buch soll einfache Regeln und Verhaltensweisen vermitteln, die sich mir in den vergangenen Jahren als tauglich erwiesen haben, mich erfolgreich im südlichen Afrika zu bewegen und eine Vielzahl von Eindrücken des afrikanischen Lebens und seiner Natur mit nach Hause zu bringen. Derartige Eindrücke und Erlebnisse wünsche ich auch Ihnen und hoffe dabei, mit diesem Büchlein ein klein wenig behilflich zu sein.

Dieses Buch wendet sich – wie der Titel bereits sagt – sicherlich nicht an den erfahrenen Afrika-Reisenden. Es soll vielmehr dem „Afrika-Entdecker" die Möglichkeit eröffnen, bereits seinen ersten oder einen der ersten Afrika-Urlaube zu einem perfekten Erlebnis werden zu lassen.

Verden, im Oktober 2018

*Kay Müffelmann*

# Wie ich das erste Mal nach Afrika kam

## Oder: Lualeni ist schuld

Ich bin ein Kind der geburtenstarken Jahrgänge, 1961 geboren. Nachkriegsnot musste ich nicht mehr erleiden, habe
aber sehr wohl mitbekommen, dass im Hause meiner Eltern
für unseren bescheidenen Wohlstand gearbeitet werden
musste.

Meine Wünsche wurden von meinen Eltern durchweg erfüllt.
Allerdings konnte es sein, dass ich dafür etwas tun musste
– sei es irgendwelche Haus- oder Gartenarbeiten verrichten

oder aber gute Zensuren nach Hause bringen. Lieber habe ich Haus- oder Gartenarbeiten erledigt. Das hat mir wesentlich mehr Spaß gemacht und fiel mir leichter, als gute Zensuren zu schreiben. Ohnehin kann ich nicht behaupten, dass die Schule mir sonderlich Spaß gemacht hätte. Natürlich gab es Fächer, die mich interessiert haben. Auch gab es Lehrerinnen und Lehrer, bei denen der Unterricht interessant war. Mein Augenmerk lag jedoch in Kindheit und Jugend darauf, die schulischen Verpflichtungen möglichst schnell hinter mich zu bringen, um danach so lange wie möglich draußen sein zu können.

Mich draußen herumzutreiben, hat mir viel Spaß gemacht. Fußball- und Versteckenspielen, auf Bäume klettern, Tiere beobachten und zu fangen versuchen – alles Dinge, die meine Kindheitstage unbeschwert sein und wie im Fluge vergehen ließen.

Ich hatte viele Freunde, natürlich, denn Fußball- und Versteckenspielen, Höhlen bauen und in „Banden" um die Häuser ziehen und Klingelstreiche machen lässt sich allein schlecht bewerkstelligen. Soziale Kontakte waren wie der bekannte Sand am Meer vorhanden. Kontakte allerdings, die sehr persönlich und direkt waren und nicht wie heute üblich anonym per Whatsapp und Facebook bestehen.

Zwangsläufig und gern war ich in der Natur und habe mich auch von klein auf für die Natur interessiert. Insoweit war ein weiterer wesentlicher Aspekt, der meine Kindheit geprägt hat, das abendliche Fernsehprogramm am Samstag und am Dienstag. Während es am Samstag den wöchent-

lichen Streit mit meinem Vater gab, ob von den Fernsehserien „Daktari" und „Tarzan" (mit Ron Ely – dem einzig
wahren Tarzan!), die um 18.00 Uhr auf dem zweiten Programm begannen, um 18.20 Uhr auf das erste Programm
zur Sportschau umgeschaltet werden durfte, war der Diens-
tagabend „streitfrei". Der Fernseher gehörte dann mir ganz
allein. Meine Eltern waren zum Faustballtraining, so dass
ich in aller Ruhe „Ein Platz für Tiere" – die legendäre Sen-
dung von Professor Dr. Bernhard Grzimek gleich nach der
Tagesschau – gucken konnte. Aber auch den samstäglichen
Kampf mit meinem Vater um das Programm gewann ich mit
schöner Regelmäßigkeit. Bestenfalls musste ich mich damit
abfinden, dass mein Vater während der Fernsehsendungen
zwei- bis dreimal in das erste Programm umschaltete, um
wenigstens Kenntnis von der aktuellen Bundesligatabelle zu
bekommen.

Die afrikanische Tierwelt hat mich von klein auf fasziniert. Natürlich habe ich davon geträumt, so zu werden wie „Daktari" oder „Tarzan" – herzensgute Menschen, immer auf der richtigen Seite, den Tieren sehr nah. Aber das waren natürlich Kinderträume. Afrika war weit weg, und als in den siebziger Jahren erste Freunde meiner Eltern Auslandsreisen nach Spanien und Italien unternahmen – gar mit dem Flugzeug dorthin flogen – war das für mich eine Sensation. Darüber hinaus musste man aus meiner damaligen Sicht sicherlich unglaublich reich sein, um überhaupt derartige Urlaube machen zu können. Und dass Italien und Spanien immer noch recht weit von Afrika entfernt lag, das wusste ich damals durchaus. Ich habe allerdings nicht im Entferntesten daran gedacht, jemals nach Afrika zu kommen. Dass es viele Jahre später einmal ganz anders kommen sollte, war reiner Zufall.

Ich hatte mich also in der Schule bis zum Abitur gequält. Biologie-Leistungsfach. Eine Wahl, die mir im Abitur gerade einmal vier Punkte einbrachte. Ich hatte mich völlig verschätzt, hoffte, es im Rahmen des Biologieunterrichts mit Tier und Natur zu tun zu bekommen. Das war jedoch eine komplette Fehleinschätzung. Anorganische Chemie war das, was ich lernen sollte. Allerdings hat mein Hirn in dem entsprechenden Segment scheinbar nicht sonderlich große Kapazitäten, so dass ich meine Punkte für das Abitur über die anderen Fächer zusammengesammelt habe. Letztlich absolvierte ich die Schule dann recht passabel und begann Jura zu studieren. Bewusst hatte ich mich entschlossen, mir nicht etwa im Rahmen eines Biologiestudiums die Freude an der Sache verderben zu lassen, in dem ich wieder überwiegend mit

Chemie konfrontiert werden würde. Ich wollte mir meine Naturverbundenheit bewahren und das Ganze weiterhin als Hobby betreiben. Stressfrei und ohne Druck. Nun – 30 Jahre später – muss ich sagen, dass diese Entscheidung die richtige war. Heute bin ich als Rechtsanwalt tätig, habe Frau und drei Kinder, von denen die Älteste die Ursache dafür war, dass ich in Afrika gelandet bin. Und das ist eine Geschichte, die es sicherlich wert ist, ausführlich erzählt zu werden. Das allerdings würde Sinn und Zweck dieses Buches sprengen. Zudem stünde eine derartige Schilderung wohl eher meiner Tochter zu. Aus diesem Grunde möchte ich diese Geschichte im Folgenden nur sehr kurz zusammenfassen:

Eines Abends befand ich mich im Garten und hörte durch das auf Kipp stehende Fenster des Dacherkers, dass Sine – so heißt unsere älteste Tochter – am jammern und fluchen war. Nun – unsere drei Kinder sind sicherlich nicht immer von mir verwöhnt worden. Auch hatten sie es nicht immer leicht mit mir. Wenn ich allerdings eins nicht vertragen kann, ist es, wenn die Kinder unglücklich oder traurig sind. Also machte ich mich auf den Weg in das Obergeschoss unseres Hauses, in dem Sine in ihrem Zimmer über ihren Hausaufgaben saß. Sie hat damals die sechste Klasse auf dem Gymnasium besucht. In der fünften Klasse hatte sie Englisch als erste Fremdsprache bekommen, in der sechsten Klasse Französisch dazu. Dies war das Ergebnis einer dieser grandiosen Entscheidungen der Politik, die Schullaufbahn der Kinder von dreizehn auf zwölf Jahre zu verkürzen. Also wurde kurzerhand die zweite Fremdsprache begonnen, nachdem die Beschäftigung mit erster Fremdsprache noch in keiner Weise in ihren Grundlagen gefestigt sein konnte. Dieser Umstand hatte bei unserer Tochter zu Verzweiflung geführt.

Englisch und Französisch gingen bunt durcheinander, und sie hatte schlicht die Lust verloren, sich mit den Sprachen zu beschäftigen. Aus ihrer Sicht war das Ganze überflüssig.

Was tun, war damals die Frage. Nun – meine Tochter hatte mein Faible für Tiere und Natur geerbt. Von klein auf war riesengroßes Interesse da, sich insbesondere mit Tieren zu beschäftigen. Elefanten hatten es ihr besonders angetan. Aus diesem Grunde kam ich auf die Idee, ihr Interesse an Elefanten irgendwie mit ihrem Desinteresse an der englischen Sprache zu verbinden. Ich entschloss mich, für sie eine Patenschaft für einen Elefanten, der als Waise vom „David Sheldrick Wildlife Trust" aufgezogen werden sollte, zu übernehmen. „Lualeni" – so hieß der Elefant – sollte es sein. Die Mutter war mutmaßlich von Wilderern erschossen worden, und nun sollte es gelten, den Waisen zu retten. Hierzu trugen wir mit einer monatlichen Spende bei. Von diesem Zeitpunkt

an war Lualeni für Sine „ihr Elefant". Um es vorwegzunehmen: Lualeni ist heute vierzehn Jahre alt. Davon wurde sie acht Jahre beim David Sheldrick Wildlife Trust aufgezogen und ist zwischenzeitlich ausgewildert worden. Sie ist mit ihrem ersten Kalb trächtig und besucht regelmäßig die Waisenstation des David Sheldrick Wildlife Trust in Kenia.

Wie dem auch sei – mit der Patenschaft war eine ständige Unterrichtung über den Entwicklungsstand von Lualeni verbunden. Fortan erhielt Sine regelmäßig – zumeist in drei

*Lualeni 2005*                    © *The David Sheldrick Wildlife Trust*

bis vierwöchentlichen Abständen – einen Report, durch den sie über aktuelle Geschehnisse in der Waisenstation sowie über Besonderheiten bezüglich „ihres Elefanten" informiert wurde. Dieser Report war selbstverständlich auf Englisch verfasst, so dass sich bei Sine die Erkenntnis durchsetzte, dass die Fremdsprachen nicht ausschließlich dazu da waren, Schülerinnen und Schüler zu quälen. Das Englisch lernen hatte Sinn und Verstand bekommen.

Während des ersten halben Jahres haben wir die Nachrichten aus Kenia gemeinsam ins Deutsche übersetzt. Danach jedoch machte sich Sine selbst daran, die Dinge in den Griff zu bekommen. Meiner Hilfe bedurfte es nur noch sehr selten, so dass das Thema etwas in den Hintergrund gerückt war, als Sine meine Frau und mich im Sommer des Jahres 2009 – damals war sie 14 Jahre alt – davon in Kenntnis setzte, ein Jahr in Afrika zur Schule gehen zu wollen. Dieses Thema nahmen wir zunächst nicht ernst. Wir schrieben August/September und sagten Sine lediglich, dass sie sich innerhalb der ihr täglich gewährten 30 Minuten Surfen im Internet mit der Sache befassen möge. Wir wähnten die Angelegenheit damit erledigt. Dies jedoch war ein Trugschluss.

Im Oktober teilte Sine uns mit, dass das Absolvieren eines Schuljahres in Kenia – der Heimat ihres Elefanten – nicht möglich sei. Allerdings gäbe es die entsprechende Möglichkeit in Namibia an der Deutschen Höheren Privatschule in Windhoek. Nach wie vor gelassen beließen wir es bei einem „na dann man zu" und gingen nach wie vor davon aus, dass sich die Sache im Sande verlaufen würde. Umso mehr fielen wir aus allen Wolken, als Sine uns Anfang November mit einer E-Mail der damaligen Direktorin der Deutschen Höheren Privatschule (DHPS) überraschte, die bereits bestätigte, dass Sine an der Schule aufgenommen werden könne, sich ihre Eltern jedoch noch einmal melden sollten. Dann ging alles ganz schnell. Die notwendigen Papiere wurden besorgt. Eine Erlaubnis für den langen Aufenthalt mit Hilfe der Botschaft und vielfachem Hin und Her erteilt und die Unterbringung im Internat der DHPS geregelt. Sodann feierte Sine im November 2009 ihren fünfzehnten Geburtstag, flog dann Anfang Januar 2010 nach Namibia.

Als sich 2010 die Oster-Internatsferien näherten, zeichnete sich ab, dass Sine recht allein im Internat sein würde. Die einheimischen Schülerinnen und Schüler fuhren zurück auf Ihre Farmen, um zu Hause das Osterfest zu begehen. Zwar hatte Sine die ein oder andere Einladung für einige Tage auf die Farmen von Mitschülern, jedoch waren damit die Ferien insgesamt nicht zu überbrücken.

*Die DHPS in Windhoek*

Da Sine außerdem im Internat die ersten vier Monate tapfer hinter sich gebracht, aber von Afrika – abgesehen von Windhoek – so gut wie nichts gesehen hatte, entschloss ich mich recht spontan, nach Afrika zu fliegen und eine Tour mit ihr zu machen. Zwei Mitschüler wollten mit ihren Eltern mitfahren, so dass ich mich während der Tour in Begleitung Einheimischer wusste.

Tatsächlich verlief die Tour dann so, dass die Eltern der Mitschüler uns nach einer Fahrt in den Caprivi-Streifen wieder verlassen mussten, da sie ihrer beruflichen Tätigkeit nachzugehen hatten. Ich fuhr fortan mit Sine und einem ihrer Mitschüler, der bei uns blieb und die von uns weiter geplante Tour mitmachen wollte, allein durch Namibia. Das Ganze war – um es vorwegzunehmen – unproblematisch und der Grundstein für bis heute absolvierten acht weiteren Touren. Es werden ganz sicher nicht die letzten sein.

*Lualeni 2018*                          © *The David Sheldrick Wildlife Trust*

# Reisezeit

Wenn Sie ins südliche Afrika reisen wollen, müssen Sie zunächst die Frage beantworten, ob die Reise in der Zeit des afrikanischen Sommers oder im Winter stattfinden soll. Dabei ist zu berücksichtigen, dass zur Zeit des europäischen Sommers in Afrika Winter herrscht, zur Zeit unserer Winterzeit dort Sommer ist. Beide Jahreszeiten haben ihren eigenen, besonderen Reiz:

Sofern Sie in der Zeit von Oktober bis Februar reisen, dürfen Sie davon ausgehen, dass im Busch und in der Savanne gute Sicht herrscht. Aufgrund der Trockenzeit ist die Landschaft ausgetrocknet. Die Pflanzen haben zumeist keinerlei oder aber bestenfalls vertrocknetes Blattwerk. Eine Ausnahme gilt natürlich für wasserreiche Gebiete, so in Nordnamibia entlang des Okavango oder aber in Namibia/Botswana im Okavango-Delta. In diesen Gebieten brauchen Sie allerdings auf Sichtmöglichkeiten ohnehin kaum Rücksicht zu nehmen: Die Wilddichte ist in diesen Gebieten derart hoch, so dass Sie völlig unproblematisch eine große Anzahl von Tieren sehen werden.

Im Übrigen kommt Ihnen eine spärlich belaubte Landschaft – sofern Sie den Schwerpunkt der Reise auf Tierbeobachtung setzen wollen – entgegen. Abgesehen davon, dass die Tiere oftmals von weit her zu sehen sind, zieht es die Tiere zu den Wasserlöchern, um zu trinken. Diese Gelegenheit ist wunderbar zu nutzen, um den Tieren sehr nahe zu kommen. Das Ganze funktioniert jedoch nicht im europäischen späten Winter und im Frühjahr. Regelmäßig setzt zu dieser Zeit im südlichen Afrika die Regenzeit ein. Die Tiere verbergen sich dann im Busch und haben es nicht nötig, zu den Wasserlöchern zu ziehen. Aus diesem Grund ist es dann wesentlich schwieriger, Tierbeobachtungen zu machen. Dies gilt umso mehr, als sich nach Regenfällen der Busch schlagartig belaubt und optisch undurchdringlich wird.

*Regen über der Savanne*

Während der Reisen zu europäischer Winterzeit – also dem südafrikanischen Hochsommer – gilt es zudem zu berücksichtigen, dass es tagsüber sehr heiß werden kann. Gerade in den letzten Jahren sind regelmäßige Temperaturen vom späten Vormittag bis hinein in den Nachmittag von über 40 °C im Schatten durchaus normal gewesen. Insofern sollten Sie sorgfältig prüfen, ob Sie derartigen körperlicher

Belastungen gewachsen sind. Zudem ist zu beachten, dass unter diesen Bedingungen Ausfahrten schlicht unterbleiben sollten. Tierbeobachtungen werden jedenfalls unter derartigen Bedingungen kaum zu machen sein, da sich die Tiere in den Schatten zurückziehen und ruhen. Kurzum: Während des südafrikanischen Hochsommers sollten Sie vom Spätvormittag bis in den frühen Nachmittag hinein Ruhezeit einkalkulieren.

Sofern der späte Winter beziehungsweise das zeitige europäische Frühjahr für Reisen genutzt werden soll, sind die Temperaturen – weil es dem afrikanischen Winter entgegengeht – wieder angenehmer. Jedoch sollten Sie sich bezüglich dieser Reisezeit unbedingt mit dem Lauf der Riviere beschäftigen, gegebenenfalls vor Ort einheimischen Rat suchen. Was sind Riviere?

*Das Swakop-Rivier läuft*

Aufgrund der seltenen Niederschläge gibt es im südlichen Afrika zumeist keine stets wasserführenden Flüsse. Vielmehr führen die oft sehr kräftigen Regenfälle dazu, dass punktuell sehr viel Niederschlag in die Läufe der sogenannten Riviere gelangt. Riviere sind Flüsse beziehungsweise Trockenflussbetten, die die meiste Zeit des Jahres trocken gefallen sind, bei entsprechenden Regenfällen jedoch sehr schnell zu reißenden Flüssen werden können. Dann – so die Südafrikaner – „gehen die Riviere ab". Das heißt nichts anderes, als dass der punktuelle Niederschlag dazu führt, dass die Flussbetten abschnittsweise sehr viel Wasser bei sehr viel Strömung führen, allerdings das Flussbett nicht im Ganzen voll Wasser ist, sondern abschnittsweise – je nach Verlauf des Rivieres und Ort des Niederschlags – voll Wasser ist.

Innerhalb der südafrikanischen Städte können Sie die Tiefe der Riviere an Messpegeln, die rechts und links der Straße stehen, ablesen. Die Entscheidung, mit dem Wagen durch ein Rivier zu fahren oder nicht, fällt mithin leicht. Anders verhält es sich jedoch außerhalb der Städte: Oftmals queren die Riviere die Pad (Afrikaans: Straße) und Sie wissen schlicht nicht, ob Sie das entsprechende Rivier mit ihrem Wagen noch durchfahren können oder nicht. Insoweit empfehle ich, schlicht abzuwarten, ob Einheimische mit ihrem Fahrzeug durch das Rivier fahren oder nicht. In jedem Fall sollten Sie eine Fahrt „ins Ungewisse" meiden. So erinnere ich mich, als ich selbst im Khomas-Hochland unterwegs war, dass ich das Kuiseb-Rivier queren musste. Zwar erschien die Strömung des Reviers recht stark. In Anbetracht der Tatsache, dass jedoch ein anderes Fahrzeug durch das Rivier fuhr, ich zudem bereits zuvor ein anderes Rivier erfolgreich

*Rivierquerung im Khomas-Hochland*

durchquert hatte, meinte, folgen zu können. Allerdings war mir nicht bekannt, dass dabei dem Umstand, dass das vorfahrende Fahrzeug einen sogenannten Schnorchel hatte und die Maschine Luft in Dachhöhe ziehen konnte, durchaus entscheidende Bedeutung zukam. Mein Fahrzeug nämlich war ein normales Mietfahrzeug – ein schlichter Benziner der Marke Nissan Navara – ohne Schnorchel. Dass derartigen Fahrzeugen beim Durchqueren von Rivieren schneller das Aus droht, war mir seinerzeit noch nicht bekannt.

Wie dem auch sei – nachdem das andere Fahrzeug heil am gegenüberliegenden Ufer angekommen war, wagte auch ich mich durch das Rivier. Meine Frau saß auf dem Beifahrersitz und war skeptisch. Langsam ließ ich den Wagen in das Wasser rollen. Die Flussmitte war noch lange nicht erreicht, als ich feststellen musste, dass der Wagen immer tiefer versank. Da das Fahrzeug jedoch mittlerweile bereits tief im Wasser steckte, war an ein Zurück nicht mehr zu denken. Jedes Kupplung treten oder jedes Schalten hätte das sichere Aus für die Maschine bedeutet. Aus diesem Grunde war die einzige Möglichkeit, den Versuch, das andere Ufer des Reviers zu erreichen, zu Ende zu führen.

Mein Blick ging nach rechts und links auf den Flusslauf, und ich sah, dass nach flussabwärts Stahlseile direkt über dem Wasser gespannt waren, um eventuell abdriftende Wagen aufzufangen. Nun, die Vorstellung, dass mein Wagen, voll Wasser gelaufen, in einem derartigen „Netz" hängen würde, beruhigte mich nur bedingt. Die Spannung stieg dann extrem, als das Heck des Wagens durch die Strömung in Richtung flussabwärts gedrückt wurde. In diesem Moment schwappte das Wasser vorn über die Motorhaube, und ich gab mir kaum noch eine Chance, mit dem Wagen das gegenüberliegende Ufer zu erreichen. Meine Frau rief bereits um Hilfe und krallte sich in meinem Oberschenkel fest. Tatsächlich war die Maschine kurz davor abzusaufen. Jedoch wurde wohl mein Gebet, die andere Seite zu erreichen, erhört. Unmittelbar nachdem das Heck des Wagens Richtung stromabwärts driftete, fasste die Vorderachse vernünftig Fuß, und der Wagen rollte leicht bergan aus dem Rivier heraus. Mit laufendem Motor ließ ich das Auto zunächst eine Weile stehen, damit die Maschine sich wieder „trocken laufen" konnte. Glück gehabt! Auf derartige Abenteuer sollten Sie jedoch nach Möglichkeit verzichten, zumal beim Eingehen derartiger Risiken die von Ihnen abgeschlossene Fahrzeugversicherung eine Schadensübernahme ausschließt. Die Geschichte hätte mithin für mich teuer werden können.

Sofern Sie im europäischen Sommer ihre Reise antreten, drohen Ihnen derartige Gefahren nicht. Sie werden aufgrund des afrikanischen Winters gemäßigte und angenehme Temperaturen vorfinden. Allerdings müssen Sie mehr Zeit und Mühe darauf verwenden, Tiere zu sehen. Für „Landschaftsreisende" ist die Reisezeit jedoch ideal.

Für den Sommer sowie für den Winter gilt zugleich: Nachts kann es sehr kalt werden. Lassen Sie sich beim Packen ihres Koffers nicht von dem Gedanken leiten, dass es im südlichen Afrika immer warm sei. Nächtliche Temperaturen im Minusbereich während unseres europäischen Frühjahrs/Sommers sind im südlichen Afrika nicht ungewöhnlich. Selbst im übrigen Jahreslauf werden sie es nachts oft mit einstelligen

Temperaturen zu tun haben. Dementsprechend sollte im Koffer Platz für Halstuch und Fleecepullover sein.

# Reisevorbereitungen

Konzentrieren wir uns zunächst auf das, was bei der Reise unabdingbar ist: Wir brauchen

## Geld

Ohne dem geht nichts – sei es bei Nordseeurlaub in Cuxhaven oder aber beim Afrika- Urlaub in Swakopmund.

Bezüglich der finanziellen Ausstattung gilt, dass bereits aufgrund des zumeist im südlichen Afrika wesentlich günstigeren Wechselkurses nicht zu viel Bargeld in afrikanischer Währung eingeführt werden sollte. Unabhängig davon ist die Einfuhr südafrikanischer Rand oder namibischer Dollar begrenzt. Zwar habe ich noch nie erlebt, dass ich bei der Einreise – sei es nach Südafrika oder aber Namibia – entsprechend kontrolliert worden wäre. Doch sollte es genügen, sich mit einigen 1000 Rand beziehungsweise Dollar auszustatten, um die ersten Tage in Afrika überstehen zu können, falls sich nicht sofort eine Gelegenheit ergeben sollte, Geld per Scheckkarte abzuheben. Auch ermöglicht ein wenig afrikanische Währung im Portemonnaie, sich bei eventuellen Zwischenaufenthalten auf Flughäfen verpflegen zu können.
Vor Ort angekommen, lässt sich Geld – wie in Deutschland – am Geldautomaten abheben. Insoweit ist jedoch zu

beachten, dass nicht die Karten sämtlicher deutscher Banken und Sparkassen akzeptiert werden. Diesbezüglich müssen Sie vor Reiseantritt unbedingt eine verbindliche Auskunft ihrer Bank einholen. Gängige Kreditkarten werden akzeptiert. Ebenso Karten von großen Banken. Bezüglich der Karten von Sparkassen gilt, dass sie zum Geldabheben lediglich genutzt werden können, wenn sie mit dem so genannten „Maestro"-Zeichen versehen sind. Dies müssen Sie kontrollieren!

Bitte beachten Sie auch, dass es bei der Geldtransaktion in Afrika technische Schwierigkeiten geben kann. Die Geldautomaten arbeiten nicht so verlässlich wie in Deutschland. Dementsprechend sollte nicht erst unmittelbar vor Ausgabe des „letzten Dollars" Geld abgehoben werden.


Wenn Sie Geld abheben, sollten Sie Folgendes beachten:

An den Geldautomaten im südlichen Afrika ist regelmäßig Security stationiert, die Sicherheit beim Geldabheben gewährleisten soll. Sicher ist jedoch nur eins: Sollte es − was ich erst einmal erlebt habe − zu einem Übergriff beim Geldabheben kommen, wird der Security derjenige sein, der am schnellsten wegläuft. Auf diese „Wachpersonen" können Sie sich nicht verlassen. Verlassen können Sie sich ausschließlich auf sich selbst. Also gilt:
Sie sollten Geldautomaten in Anspruch nehmen, die weder einsam noch in zu belebter Gegend angesiedelt sind.
Bezüglich der abgelegenen Automaten erübrigt es sich, auf drohende Gefahren hinzuweisen. Anderes gilt jedoch

bezüglich vermeintlich sicherer Geldautomaten in sehr belebter Gegend. Zwar wähnt man sich hier aufgrund vieler in der Nähe befindlicher Menschen sicher. Allerdings ist diese Sicherheit trügerisch. So passiert es regelmäßig, dass aus diesen Menschenmassen heraus Personen auftauchen, die Ihnen unter Umständen ihr Geld abzunehmen versuchen. Die Menschenmenge garantiert, dass diese Personen ebenso schnell wieder untertauchen können. Aus diesem Grunde bevorzuge ich es, Automaten beispielsweise in Supermärkten in Anspruch zu nehmen. Hier wissen Sie Kassenpersonal, Wachpersonal für den Geldautomaten sowie Wachpersonal, das regelmäßig an den Ausgängen von Supermärkten postiert ist, auf ihrer Seite. Dementsprechend ist es für diejenigen, die es unter Umständen auf ihr Geld abgesehen haben, schwer, an Sie heranzukommen.

Wenn Sie jedoch keine Gelegenheit haben, in derart sicherer Umgebung Geld abzuheben, und einmal auf die Inanspruchnahme eines Geldautomaten in unsicherer Gegend angewiesen sind, sollten Sie immer zu zweit am Automaten stehen. Darüber hinaus sollten Sie, sobald Ihnen eine dritte (unbekannte) Person „auf die Pelle rückt", den Abhebevorgang sofort durch Drücken des roten „Cancel" – Button beenden. Dieser Umstand wird das Interesse des Dritten an Ihnen und Ihrem Geld erlöschen lassen.

Lassen Sie sich bitte nicht täuschen: Sofern Sie als Tourist ausgemacht sind – und das fällt zumeist in Anbetracht der Nutzung eines Mietwagens mit Dachzelt sowie des übrigen Äußeren leicht – wird Ihnen oftmals Hilfe beim Geldabheben angeboten. Dies erst recht, wenn Sie am

*Blutentnahme bei einer Braunen Hyäne*

Geldautomaten einen verunsicherten Eindruck machen. Seien Sie in diesen Momenten durchaus konsequent und unfreundlich. Lehnen Sie jede Hilfe ab, und lassen Sie sich dann niemals in Gespräche verwickeln. Wenn Sie in eine derartige Situation geraten, gibt es nur ein richtiges Verhalten: Drücken Sie den „Cancel"-Button!

Bei Ihnen befindliches Geld sollten Sie stets am Körper, niemals in Umhängetaschen, Rucksäcken oder Ähnlichem, tragen. Auch Brusttaschen von Westen eignen sich – allerdings nur, sofern sie durch Druckknöpfe oder Reißverschlüsse solide zu verschließen sind.

Öffnen Sie ihr Portemonnaie nach Möglichkeit nicht in der Öffentlichkeit. Zählen und zeigen sie mitgeführtes Geld nicht.

## Reisepass

Bei der Einreise benötigen Sie zwingend einen gültigen Reisepass, der bis sechs Monate nach Rückkehr (!) aus dem Urlaub gültig sein muss. Kurzum: Sofern Sie am 30. Juni des Jahres aus dem Urlaub zurückkehren würden, müsste ihr Reisepass bis zum 31. Dezember desselben Jahres gültig sein! Es ist garantiert, dass man Sie mit einem Reisepass, der einen entsprechenden „Nachlauf" nicht hat, nicht einreisen lassen wird. Beachten Sie auch, dass Sie mit einem Personalausweis nicht weiterkommen!

# Internationaler Führerschein

Im südlichen Afrika benötigen Sie einen internationalen Führerschein. Diesen müssen Sie bei der Verwaltungsbehörde – Führerscheinstelle – beantragen. Normalerweise ist dieser Führerschein recht zügig ausgestellt. Ungeachtet dessen empfiehlt es sich natürlich, den Antrag rechtzeitig zu stellen. Hierfür benötigen sie lediglich ein Passfoto und müssen die entsprechende Verwaltungsgebühr bezahlen.

Der internationale Führerschein ist im südlichen Afrika lediglich in Verbindung mit dem nationalen Führerschein gültig. Wenn Sie mithin nach Afrika reisen, müssen Sie beide Führerscheine bei sich führen.

# Impfungen

Ein Gedanke sei schließlich noch auf die Frage von Impfungen verwendet. Immer wieder hört man den Rat, dass man sich bei Reisen in das südliche Afrika gegen Malaria impfen lassen müsse. Dies ist nicht richtig. Impfvorschriften gibt es für Namibia, Sambia, Simbabwe, Botswana sowie Südafrika derzeit nicht. Impfungen würde ich selbst – von besonderen Ausnahmen abgesehen – auch nicht empfehlen.

Im südlichen Afrika lassen sich Einheimische durchweg nicht impfen. Die Angst vor Malaria hält sich in Grenzen, da die Krankheit nach Ausbruch sehr gut zu behandeln ist. Das Impfen, aber auch die Malariaprophylaxe in Tablettenform, ist zudem mit einer erheblichen körperlichen Belastung verbunden, auf die man gut verzichten kann; es sei denn man möchte in Gebiete reisen, die per se sehr Malaria-gefährdet sind. Mithin mag etwas anderes gelten, wenn man zur Regenzeit an den Okavango oder aber ins Okavango-Delta reisen möchte. Ansonsten sollte man darauf achten, sich mit ortsüblichen Präparaten – so das in jedem Supermarkt zu erwerbende „Peaceful-Sleep" auszustatten und einzureiben. Diese Präparate sind ausgesprochen effektiv und halten Moskitos verlässlich fern.

Für den Fall des Falles sollten Sie – sofern Sie nach ihrer Reise Grippesymptome aufweisen – im Kopf haben, dass Sie in Afrika waren. Ein derartiger Hinweis an den Sie behandelnden Hausarzt wird eine völlig normale Behandlung der Malaria zur Folge haben.

Letztlich wird die Frage einer Impfung jeder Reisende für sich selbst beantworten müssen. Mir jedoch erscheint in Anbetracht der Tatsache, dass mir von meinen letzten acht Afrikareisen nicht ein einziger verursachter Malariafall meiner Reisegruppen sowie im Freundeskreis bekanntgeworden ist, die Impfung überflüssig.

Ungeachtet dessen sollten Sie sich sicherlich jeweils aktuell vor Antritt der Reise über das Internet informieren, ob Vorschriften bezüglich der Länder, in die sie einzureisen gedenken, geändert worden sind. Auch mag es aktuelle Situationen geben, die Impfungen sinnvoll erscheinen lassen.

# Kleine Kraftfahrzeugkunde

Wenn Sie von Deutschland aus einen Mietwagen angemietet haben, werden Sie konkret wissen, mit was für einem Fahrzeug Sie in Afrika unterwegs sein werden. Sofern Ihnen das Wechseln eines Reifens – mit Reifenpannen müssen Sie im südlichen Afrika regelmäßig rechnen – nicht geläufig ist, empfiehlt es sich sicherlich, dass Sie sich in Deutschland zeigen lassen, wie ein Reifen zu wechseln ist. Es ist durchaus wissenswert, dass die Radmuttern gelöst werden, solange der Reifen noch Kontakt zum Boden hat, das Fahrzeug mithin nicht zu allererst mit dem Wagenheber anzuheben ist.

*Rast in den Tirasbergen*

Wenn Sie in Deutschland – in entspannter Atmosphäre – einmal einen Reifen gewechselt haben, werden Sie in Afrika mit sicherem Gefühl auch Schotterpad entlang fahren. Die wenige Mühe und der geringe Zeitaufwand in Deutschland lohnen allemal. Jede Werkstatt wird Ihnen gegebenenfalls gegen ein kleines Entgelt das Notwendige zeigen. Bei dieser Gelegenheit können Sie sodann auch bezüglich des von Ihnen angemieteten Fahrzeuges gleich danach fragen, wo und wie Öl und Wischwasser nachzufüllen sind. Zwar werden derartige Kontrollen an den Tankstellen im südlichen Afrika als Dienstleistung ohne Anfrage miterledigt. Ungeachtet dessen schadet es sicherlich nicht, wenn Sie selbst wissen, wie mit ihrem Fahrzeug umzugehen ist.

Bei dieser Gelegenheit: Sämtliche Mietfahrzeuge von südafrikanischen Mietwagenunternehmen sind mit umfangreichem Werkzeug und Reparaturmaterialien ausgestattet. Auch sind stets Kompressoren, die an den Feuerzeuganzünder im Wagen anzuschließen sind, vorhanden, so dass ein gewechselter Reifen ohne Weiteres aufgepumpt werden kann.

Lassen Sie sich bei Anmietung des Wagens eine entsprechende Ausrüstung vorsorglich zusichern. Sparen Sie nicht am falschen Ende, indem Sie den billigsten Fahrzeuganbieter in Anspruch nehmen!

# Reisegepäck

## Oder: Schick sein ist nicht alles!

## Bekleidung

Was in den Koffer eingepackt werden sollte, ist in erster Linie von den persönlichen Bedürfnissen, aber auch von der Reisezeit abhängig. Selbstverständlich bedarf es im afrikanischen Winter – unsere Sommermonate – durchaus warmer Sachen, um abends und nachts nicht frieren zu müssen. Ein Jogginganzug, Fleecepullover und Halstuch sind hier durchaus angebracht. Auch im afrikanischen Sommer kann es nachts empfindlich kalt werden. Darüber hinaus gilt es, insbesondere an der Küste, sich auf kühlen Wind und Nebel einzustellen.

Bei Fahrten in der Regenzeit ist auch Regenkleidung von Nutzen. Zwar ist der Regen warm, aber auch im südlichen Afrika nass.
Tagsüber sollte selbstverständlich leichte Bekleidung zur Verfügung stehen. Shorts, T-Shirts und Baumwollhemden beziehungsweise Blusen sind hier empfehlenswert. Ich empfehle zudem, langärmlige Shirts zu tragen, um so einen Sonnenbrand auf den Armen zu vermeiden.

„Baumpflücker"

Unabdingbar ist zudem eine vernünftige Kopfbedeckung. Ein Hut mit Krempe ist empfehlenswert. Dabei sollte darauf geachtet werden, dass der Hut luftdurchlässig ist, um einen stets kühlen Kopf zu gewährleisten.

Beabsichtigt man, zu Fuß durch Busch und Savanne zu streifen, hat sich ein Hut als weniger geeignet erwiesen. Hier leistet ein Basecamp bessere Dienste, da ein Hängenbleiben an Dorngestrüpp, das allgegenwärtig ist, vermieden wird.

Bezüglich des Schuhwerks gilt, dass normale Wanderungen mit Wander- oder Joggingsschuhen absolviert werden können. Ist allerdings beabsichtigt, Wanderungen durch Busch und Savanne durchzuführen, müssen unbedingt feste Lederschuhe und nach Möglichkeit entsprechende Gamaschen getragen werden, damit die Schuhsohlen nicht durch das Dorngestrüpp durchdrungen und die Waden nicht zu sehr zerkratzt werden. Die afrikanischen Dornen sind mit denen in Europa nicht vergleichbar! Sie sind wesentlich größer und stabiler als das Dornenwerk, das uns hier in Europa bekannt ist.

Allgemein gilt bezüglich der Bekleidung, dass sie möglichst nicht „nagelneu" sein sollte. Sofern Sie nämlich neu eingekleidet im Safarilook – am besten noch mit einer hochwertigen Kamera und hochwertigem Schmuck ausgestattet – Ihre Tour antreten, bieten Sie sich sogleich selbst als potentielles Opfer an, dieser Sachen beraubt zu werden.

Da Reisen durch das südliche Afrika regelmäßig nicht spontan geplant werden, sollte die Bekleidung zeitig vor

Reiseantritt gekauft und einige Male getragen werden. Abgesehen davon, dass die Kleider dann gebraucht sind, hat man bei dieser Gelegenheit auch ihre Tauglichkeit für die Reise getestet.

Letztlich gilt: Nehmen Sie nicht zu viel mit! Es wird Ihnen vor Ort immer möglich sein, einige Dinge – zur Not per Handwäsche – durchzuwaschen und blitzschnell zu trocknen. Die Trocknungszeiten sind derart kurz, dass Sie die Wäsche zumeist bereits nach einigen Minuten wieder abnehmen und tragen können.

Im südlichen Afrika ist es – sofern Sie mit dem Mietwagen umherreisen – durchaus üblich, auf Gästefarmen zu campieren. Sie fahren die per Schilder von der Straße aus gut ausgewiesenen Farmen an und fragen, ob Ihnen das Campieren erlaubt wird. Dies wird regelmäßig der Fall sein. Sie müssen dafür selbstverständlich Geld bezahlen. Zumeist sind die Preise jedoch recht gering.

Ebenso üblich ist es auf diesen Farmen, dass die Mahlzeiten gemeinsam mit den Eigentümern eingenommen werden. Hierzu pflegen sich die Afrikaner ordentlich zu kleiden. Es ist die Regel, dass man gewaschen, gekämmt und ordentlich gekleidet zu den Mahlzeiten erscheint. Gepflogenheiten, die in Deutschland dem ein oder anderen abhandengekommen sind. Sie sollten jedoch die Gastfreundschaft und die Gepflogenheiten der Afrikaner achten und schätzen und sich dementsprechend verhalten. Mithin gilt, dass Sie für derartige Mahlzeiten „vernünftige Kleidung" parat haben sollten. Das bedeutet sicherlich nicht, dass sie mit Anzug und Hemd,

Kleid oder Bluse reisen müssten. Allerdings sollte ein Beklei-
dungsniveau zwischen Konfirmationsanzug einerseits und
Leggings mit Flipflops andererseits im Reisegepäck griffbe-
reit sein.

## Schmuck

Schmuck ist auf Afrikareisen unnötiger Ballast. Getragen
weckt er vor Ort ungeahnte Begehrlichkeiten und bereitet
dadurch unter Umständen erhebliche Schwierigkeiten.
Auch auf Lodges ist das Tragen von Schmuck schlicht überflüssig. Also sollte er zu Hause bleiben. Die Ausstattung mit
einer schlichten Armbanduhr ist völlig ausreichend! Auch
hier liegt die Betonung auf „schlicht".

## Kosmetika

Sicherlich ist es ein Bedürfnis des oder der ein oder anderen
Reisenden, sich hin und wieder „schick zu machen". Insoweit gilt jedoch das Gleiche, wie es bezüglich des Schmu-
ckes gesagt worden ist: Sie sollten Ihr Reisegepäck nicht mit
unnützen Dingen überfrachten und sich auf das Wesentliche beschränken. Als wesentlich hat sich in Anbetracht
der südafrikanischen Witterungsverhältnisse das Mitführen
von Sonnenschutzmitteln mit hochwertigem Schutzfaktor,
Fuß- und Handcremes, Haarshampoo und Seife sowie eines
Deodorantes erwiesen. Alles andere ist überflüssig! Sie sollten sich ihr Make-up nicht durch die heiße südafrikanische
Sonne zerfließen lassen!

Wenn Sie die Körperpflegemittel nicht erst in Afrika kaufen, sondern von zu Hause mitnehmen wollen, achten Sie bitte darauf, dass derartige Flüssigkeiten im Koffer verstaut sein müssen. Mit Flüssigkeiten im Handgepäck werden Sie nicht durch die Sicherheitskontrollen an den Flughäfen kommen.

## Medizin

Abgesehen davon, dass Sie bei Antritt einer Afrikareise über eine zumindest durchschnittliche körperliche Konstitution verfügen sollten, gilt, dass Sie notwendige Medikamente nach Afrika mitnehmen sollten, da nicht gewährleistet ist, dass Sie ein gleiches Medikament dort erwerben können. Auch insoweit müssen Sie darauf achten, dass flüssige Medikamente im Koffer transportiert werden müssen. Ansonsten droht diesen Medikamenten bereits das Aus bei der Sicherheitskontrolle.

Zudem empfiehlt es sich, für den Fall der Fälle, ein starkes Schmerzmedikament zur Hand zu haben. Es ist schließlich nicht gewährleistet, dass Sie die Wochen in Afrika ohne körperliche Malaisen überstehen, die Sie sich auch in der Heimat zugezogen hätten. Allerdings sei bemerkt, dass die afrikanische Wärme Geist und Körper offensichtlich guttut. Ich jedenfalls bin stets gesund zurückgekehrt.

## Sonstiges

Was Sie sonst in Afrika nicht missen wollen, müssen Sie letztlich selbst entscheiden.

Sofern Sie sich bereits dafür entschieden haben, auch Wanderungen durch den Busch zu unternehmen, sollten Sie ein Fahrtenmesser, zumindest jedoch ein Schweizer Messer mitführen. Mag sein, dass Sie es nicht brauchen werden. Allerdings gilt, dass derartige Utensilien in alltäglichen Situationen durchaus nützlich sein können.

Haben Sie sich bereits dafür entschieden, ein Fahrzeug vor Ort anzumieten und damit Touren zu unternehmen, dürfen Sie – so Sie nicht einem Billiganbieter auf den Leim gegangen sind – davon ausgehen, dass das Fahrzeug mit allem, was Sie im Zuge einer Tour brauchen, ausgestattet ist. Das habe ich bereits oben gesagt. Mehr dazu im Kapitel „Tourplanung".

Sicherlich werden Sie ihr „Abenteuer Afrika" fotografisch dokumentieren wollen. Beachten Sie dabei, dass insbesondere hochwertige Fotoausrüstungen keinesfalls zur Schau gestellt werden sollten! Wenn Sie mit dem Wagen unterwegs sind, sollte die Fotoausrüstung durchweg unsichtbar sein und – sofern Sie das Fahrzeug verlassen – im Kofferraum weggeschlossen werden.

# Stationen der Reise

## Oder: Von Kapstadt nach Opuwo in 14 Tagen!

Es gilt selbstverständlich, die auf eigene Faust unternommene Reise schon von zu Hause aus sorgsam zu planen. Sie müssen Ihre Schwerpunkte setzen, dabei jedoch berücksichtigen, dass Sie das südliche Afrika nicht in drei Wochen insgesamt erkunden können. Nehmen Sie sich – gerade bei ihrer ersten Afrika-Reise – nicht zu viel vor. Es gilt der Grundsatz, dass weniger oftmals mehr ist! Sie werden von der Landschaft beeindruckt sein. Sie werden von der Tierwelt sowie von Land und Leuten beeindruckt sein. Nehmen Sie sich die Zeit, diese Eindrücke auch „sacken zu lassen".

Ich plane meine Reisen regelmäßig so, dass ich beispielsweise bei einer dreiwöchigen Reise drei bis vier „Verfügungstage" einkalkuliere, die es ermöglichen, etwas Luft zu schaffen und – obwohl eigentlich nicht notwendig – einen Tag länger an einem Ort zu bleiben. So kann man sich zum einen etwas erholen, zum anderen die Eindrücke, die man bekommen hat, intensiver verarbeiten.

Im vergangenen Jahr hat ein Ehepaar mich gebeten, für sie ihre Reise von Kapstadt nach Opuwo zu planen.

Dabei wollten sie von Kapstadt aus durch die Weinregion Südafrikas nach Johannesburg und von dort aus zum Oranje fahren. Sodann sollte die Einfahrt von Südafrika nach Namibia folgen – dies verbunden mit einer Rast am Fisch-River-Canyon. Die Wunschroute verlief dann weiter kreuz und quer durch die Kalahari in das Sossusvlei. Die riesigen roten Dünen mussten es natürlich auch sein, um sodann nach Swakopmund – schließlich ein Muss für den deutschen Touristen – weiterzureisen. Über die Spitzkoppe-Region sollte es sodann zu den Robbenkolonien an der Skelettküste gehen, um von dort aus nach Opuwo im Kaokofeld zu fahren. Dort musste man schließlich die rotgefärbten Himba sehen. Dann einen Schlag nach Osten durchs Etosha-Reservat und ab nach Windhoek, um den Mietwagen abzugeben und wieder nach Hause zu fliegen.

Für diese Reise stand ein Zeitfenster von vierzehn Tagen zur Verfügung!

Auf die Frage, ob Sie sich einmal den ungefähren Streckenverlauf im Atlas angesehen hätten, antworteten die beiden, dass die Strecke zu schaffen sei. Sicher – die Strecke ist zu schaffen. Allerdings sah ich mich weder in der Lage, noch wollte ich die Rallye Kapstadt–Opuwo organisieren. Nun gut – diese Reiseplanung habe ich den beiden allein überlassen.

Man tut sicherlich – je nach Streckenbeschaffenheit – gut daran, mit einem Mietwagen täglich nicht mehr als zu fahrende 250 bis maximal 400 km einzuplanen. Dabei sollten 400 km die absolute Obergrenze aber auch die Ausnahme sein. Abgesehen davon, dass durchweg eine Geschwindigkeitsbegrenzung von 120 km/h besteht (und auch stets und überall mit Radarkontrollen zu rechnen ist), gilt, dass die Straßenverhältnisse oftmals deutlich schlechter als in Europa sind. In Südafrika, Namibia und Botswana werden Sie weite Strecken auch auf Schotterstraßen zurückzulegen haben. Dann ist eine gefahrene Geschwindigkeit von 80 km/h oftmals das höchste der Gefühle.

Zudem werden Sie auch mit sogenannter „Sandpad" rechnen müssen. Hier werden Sie die vorerwähnten 80 km/h niemals aufs Tacho bekommen! Im Gegenteil — sofern Sie Sandpad fahren, werden Sie je nach Tiefe des Sandes unter Umständen Luft vom Reifen lassen müssen, um die Pad zu bewältigen. Wenn Sie dann wieder auf normale

Padverhältnisse treffen, werden Sie die Reifen wieder auf-
pumpen müssen. All dies kostet Zeit, die Sie einkalkulieren
müssen.

Planen Sie außerdem ein, dass Sie aufgrund der Straßenverhältnisse unter Umständen einmal einen Reifenwechsel
machen müssen. Insoweit haben Sie sich zu Hause damit
vertraut gemacht, wie man einen Reifen von der Achse he-
runter und wieder herauf bekommt. Kurzum: Um Strecke
zu bewältigen, benötigen Sie in Afrika durchweg mehr Zeit
als in Deutschland! Da Sie sich zudem im Urlaub befinden,
sollte das Ganze nicht in Stress ausarten.

Eine Reiseroute für Anfänger könnte dabei folgendermaßen
aussehen:

Ich empfehle gerade für den noch Unerfahrenen Windhoek
als Ausgangsstation der Reise. Dort kann man in Ruhe seinen Mietwagen in Empfang nehmen und eine Stadtführung
machen, um die zwingenden touristischen Sehenswürdig-
keiten wie Christuskirche, Tintenpalast und anderes mehr in
Augenschein zu nehmen.

Möchte man eine möglichst sichere Reiseroute wählen,
wären Solitaire und das Sossusvlei mit seinen roten Dünen
das nächste mögliche Reiseziel. Von dort aus geht es nach
Swakopmund, dann durch die Kalahari nach Twyfelfontein,
um die legendären Felszeichnungen sehen zu können. Von
dort ist es dann nicht mehr weit in das Etosha-Reservat.
Hier können Sie sich fest darauf verlassen, Elefanten,

Giraffen, Nashörner, Löwen, Zebras und Antilopen zu begegnen. Über das wunderschöne Waterbergplateau geht's dann zurück nach Windhoek. Kurzum: Ihr Traum von einer Afrika-Reise wird hier in Erfüllung gehen. Letztlich werden Sie von Windhoek aus schon bei ihrer ersten Reise alles das zu sehen bekommen, was der Afrika-Einsteiger gemeinhin erwartet.

Auf dieser Reiseroute sehen Sie außerdem viel von dem, was Namibia an Sehenswertem bietet. Die Tour ist durchweg sicher, da Sie sich stets in Gebieten bewegen, die touristisch voll erschlossen sind. Auch als Selbstfahrer mit Dachzelt werden Sie bei Auftreten irgendwelcher Schwierigkeiten keinerlei Probleme haben, Hilfe zu bekommen. Das heißt: Diese Reiseroute kann sich jeder zutrauen!

*Das Waterbergplateau*

An dieser Stelle alle möglichen weiteren Touren und Strecken vorzuschlagen, würde Umfang und Absicht dieses Buches sprengen. Per Internet ist es heutzutage leicht, sich perfekte Touren zusammenzustellen. Insoweit darf ich insbesondere auf die Plattformen „Where-to-stay.na" und „wheretostay. co.za" verweisen, anhand derer Sie ihre einzelnen Touren und Stationen aussuchen können. Wie gesagt: Muten Sie sich nicht zu viele Kilometer zu und setzen Sie Interessenschwerpunkte. So empfehle ich sehr, für Windhoek, das Etosha-Reservat oder für das Waterbergplateau mehr als einen Aufenthaltstag einzukalkulieren.

Außerdem rate ich, zumindest in der Hauptreisezeit, Unterkünfte vorzubuchen. Ansonsten kann es Ihnen – insbesondere in den Nationalparken wie Krüger-Park und Etosha-Reservat passieren, dass Sie einfach abgewiesen werden, weil dort keinerlei Stellplätze mehr vorhanden sind.

Auch Ihre Vorbuchungen sind regelmäßig über das Internet gut machbar. Anfragen zu konkreten Reisestationen oder aber Aktivitäten vor Ort werden auf den zahlreichen Internetpräsenzen beantwortet. Sie können sich aber auch gern an mich über das Internetportal www.namibia-connection.de wenden!

# Der Abflug

## Oder: Wie wär's denn mit Gemütlichkeit?

Wenn man erst im Flieger sitzt und die Bodenhaftung verloren hat, kann man sich zurücklehnen und der Dinge harren, die auf einen zukommen. Jedoch müssen Sie zuvor einige Hindernisse überwinden. Wollen wir hoffen, dass Ihnen nicht die Hindernisse drohen, die sich mir bei meinem ersten Flug nach Afrika in den Weg gestellt hatten:

Als ich Ostern 2010 meine Tochter in Windhoek besuchen wollte, hatte ich den Flug Hamburg–München, München–Windhoek gebucht. Ich war lange nicht mehr geflogen. Dementsprechend war ich etwas aufgeregt. Hinzu kam, dass tags zuvor auf Island der Vulkan Eyjafjallajökull ausgebrochen war und eine riesige Aschewolke in die Atmosphäre blies. Hiervon hatte ich gehört. Allerdings beunruhigte mich dieses Naturphänomen nicht wirklich, da ich ja in die andere Richtung fliegen wollte.

Meine Frau brachte mich also zum Flughafen nach Hamburg, wo ich mich von ihr verabschieden wollte. Wohl Böses ahnend, meinte meine Frau jedoch, dass sie mich begleiten und den Abflug abwarten wollte. Mir erschien das eigentlich überflüssig, aber es war ja lieb gemeint. Letztlich war das Ganze dann aber doch ein Glück für mich.

*Sine mit Mogli – in Afrika angekommen*

Zu diesem Zeitpunkt wusste ich noch nicht, dass ich am selben Tag wieder nach Hause fahren würde: Die Aschewolke des Vulkans Eyjafjallajökull wurde vom Wind nach Südosten geblasen. Aus diesem Grunde wurde mein Flug von Hamburg nach München gecancelt. In München konnten keine Flugzeuge landen.

Ich war völlig verzweifelt und sah meinen gesamten Urlaub in Gefahr. Denn ich wusste nicht, wie ich aus Deutschland überhaupt wegkommen sollte. Unterstützung war auf dem Flughafen nicht zu bekommen. Das Personal der Fluglinie war selbst hilf- und ratlos, ja völlig überfordert. Lange Schlangen hatten sich an den Informationsschaltern des Flughafens gebildet. Natürlich war ich mit meinem Problem nicht allein. Aber die Vorstellung, meiner Tochter, die sich seit einiger Zeit sehr auf unseren gemeinsamen Urlaub gefreut hatte, sagen zu müssen, dass ich nicht kommen würde, war mein ureigenstes Problem.

In meiner Aufregung sah ich sodann einen augenscheinlichen Großwildjäger, dem man ansehen konnte, dass er nicht das erste Mal auf den Weg ins südliche Afrika war. In meiner Verzweiflung sprach ich ihn an, was er denn nun machen würde. Zu meiner Überraschung sagte er mir, dass er sich soeben ein Ticket bei der Air France gekauft habe und am nächsten Tag frühmorgens über Paris und Johannesburg nach Windhoek fliegen würde.

Wie bereits erwähnt, war ich damals, was Flugreisen angeht, keineswegs ein alter Hase. Ich fragte den Mann, der mir heute ein guter Freund geworden ist, ob er mich mitnehmen könnte. Er bejahte, und wir eilten zum Schalter der Air France, an dem ich enttäuscht feststellte, dass zwischenzeitlich Schalterschluss und die Jalousien herabgelassen waren. In diesem Moment erlosch meine Hoffnung, doch noch nach Namibia zu kommen. Nicht so bei meinem Mitreisenden: Als ob dies eine Situation gewesen wäre, die er schon x-mal vorher durchgemacht hätte, klopfte er kräftig gegen die Jalousie, deren Lamellen schepperten. Tatsächlich wurden die Jalousien nochmals hochgefahren und der Schalter geöffnet. Eine sehr freundliche Bedienstete der Air France sagte, dass es überhaupt kein Problem sei, auch noch ein Ticket für mich auszustellen, so dass ich am nächsten Tag würde mitfliegen können. Gesagt getan – dieses Ticket musste ich zwar etwas teurer bezahlen. Aber dieses Geld war mir die unverhoffte Problemlösung wert.

Ich traf mich mit meinem neuen Freund früh am nächsten Morgen, um dann über Paris und Johannesburg schließlich doch noch – wenn auch einen Tag später – in Windhoek zu landen.

Dies waren indes sehr spezielle Erfahrungen, mit denen Sie vor Abflug regelmäßig nicht rechnen müssen. Das, was Sie vor einem Flug in das südliche Afrika an Prozeduren zu bewältigen haben, ist für Flugreisende völlig normal:

Sie erreichen mutmaßlich mit ihrem Koffer und einem Handgepäckstück, die beide die zulässigen Gewichtsgrenzen der von Ihnen gebuchten Fluglinien nicht überschreiten dürfen, den Flughafen. Nun gilt es, zunächst den Koffer am richtigen Schalter aufzugeben, um dieses die Bewegungsfreiheit einschränkende Gepäckstück loszuwerden.

Die Schalter der Fluggesellschaften öffnen offiziell zwei Stunden vor der angegebenen Abflugzeit. Tatsächlich jedoch sind sie zumeist schon drei Stunden vorher geöffnet, so dass man sich seines Koffers recht schnell und zeitig vor dem Abflug entledigen kann.

Mit der danach wiedergewonnenen Bewegungsfreiheit können Sie sich nun auf dem Flughafen in Ruhe umsehen und der weiteren Dinge harren, die auf Sie zukommen:

Als Nächstes gilt es, dass Sie und ihr Handgepäck durch den Sicherheitscheck gelangen müssen. Haben Sie den Flughafen mit genügend Zeitpuffer erreicht, können Sie die entsprechenden Prozeduren gelassen hinnehmen: Sie werden Kopfbedeckung, Jacke, Westen und Gürtel, Fotoausrüstung, Laptop und Portemonnaie auf ein Rollband legen müssen, das Ihre Utensilien einer Durchleuchtungseinrichtung zuführt. Keine Angst – weder der Fotoausrüstung noch dem Laptop wird irgendetwas passieren. Insoweit ist die Durchleuchtungstechnik verlässlich und ausgereift.

Allerdings mag es sein, dass nun versehentlich im Handgepäck gelandete Deoroller, Spraydosen, Nagelfeilen und -scheren und Ähnliches von der weiteren Reise ausgeschlossen werden: Haben Sie derartige Utensilien im Handgepäck (und solche Dinge machen sich bekanntermaßen im Kulturbeutel gern breit), ist für diese Dinge spätestens hier das Ende der Reise gekommen. Aber selbst wenn dem so sein sollte, muss dies kein Anlass für Trübsal sein – in Afrika können Sie all diese Dinge wieder kaufen.

Bevor Sie nun die Wartebereiche der Abflughallen erreichen, wird noch eine Passkontrolle stattfinden. Dass Sie einen gültigen Reisepass mit einem sechsmonatigen „Nachlauf" brauchen, habe ich bereits ausgeführt. Andernfalls ist spätestens an dieser Stelle auch für Sie das Reiseende gekommen.

Davon ausgehend, dass Sie jedoch auch die Passkontrolle, die zumeist elektronisch stattfindet (sie müssen ihren Reisepass schlicht auf einen Scanner legen, danach auf zwei auf dem Boden markierte Fußabdrücke treten und nach vorn in einen Gesichtsscanner blicken), überstehen, haben Sie nun ihr Etappenziel – die Abflughalle – erreicht und können sich in aller Ruhe das Gate suchen, von dem aus Sie abfliegen werden.

Da die Flüge in das südliche Afrika regelmäßig zehn bis zwölf Stunden dauern, ist nun noch genug Zeit, dass Sie sich gegebenenfalls wegen des langen Fluges mit Stützstrümpfen einkleiden, Blut verdünnende Medikamente einnehmen oder aber schlicht noch ein Wasser oder Bier trinken. Und irgendwann ist es dann so weit, dass der Ausruf folgt: „Passagiere nach Windhoek/Johannesburg/Kapstadt bitte zum Ausgang XY". Ein letzter Check ihrer Bordkarte eröffnet Ihnen dann den Weg in das Flugzeug, in dem Sie sodann ihr Handgepäck verstauen und sich „durchsacken" lassen können.

Auf geht's!

Während der langen Anreise hat sich bei mir stets Müdigkeit eingestellt, und ich habe aus gutem Grund darauf geachtet,

*„Auf nach Afrika!"*

nicht etwa schon auf dem Flughafen einzunicken. Abgesehen davon, dass dies im Hinblick auf das mitgeführte Handgepäck ohnehin nicht zu empfehlen ist, sollte sämtliche Müdigkeit für die Flugzeit konserviert werden. Nachdem die Bordmahlzeit eingenommen ist, hat sich mir ein Glas Rotwein als verlässlicher Partner erwiesen, einige Stunden der langen Flugzeit zu verschlafen.

Nachdem Sie die Nacht mit Musik, Fernsehen, dem Beobachten des Bordpersonals oder Mitreisender oder gar mit Schlaf verbracht haben, werden Sie vor dem Landeanflug noch ein Einreiseformular der jeweiligen Länder ausfüllen müssen. Hierzu müssen Sie ihren Reisepass zur Hand haben, da Reisepassnummer, Ablaufdatum des Passes und anderes mehr im Formular zu notieren sind. Mithin sollten Sie Ihren Reisepass im Flugzeug greifbar haben.

Für Namibia gilt, dass Sie auch die Adresse, die sie zuerst anlaufen wollen, angeben müssen. Hierzu mehr im folgenden Kapitel.

*„Abflug"*

# Die Einreise

## Oder: „Up'n Plot" gibt es nicht!

Das Aussteigen verläuft bekanntermaßen mehr oder weniger automatisch: So Sie sich nicht selbst vom Sitz erheben, wird Sie eine freundliche Stewardess oder ein Steward dazu auffordern und in Richtung Ausgang schieben.

Während Sie in Johannesburg oder Kapstadt über eine Gangway in das Flughafengebäude gelangen, bietet Namibia bereits auf dem Flughafengelände erste „Attraktionen": Das Flughafengebäude müssen Sie über das Rollfeld zu Fuß ansteuern. Zwar ist der Bau eines neuen Flughafens geplant. Entsprechend der südafrikanischen Mentalität ist jedoch in den nächsten Jahren nicht davon auszugehen, dass das „Abenteuer Flughafen" in Namibia aus dem Touristikprogramm genommen werden kann. Wenn ich sehe, wie lange man dort für den Bau von Straßen benötigt, ist vor 2030 wohl kaum mit einem neuen Flughafen zu rechnen. Es wird also mutmaßlich zu einem Fertigstellungswettlauf zwischen dem neuen Flughafen Windhoek einerseits und dem Berliner Flughafen andererseits kommen.

Doch zurück zum Rollfeld, das Sie zu Fuß überqueren müssen: Damit Sie sich auf dem Weg zum Flughafengebäude nicht verlaufen oder etwa anderen Flugzeugen in die Quere kommen, wird Ihnen der Weg mit Lübecker Hütchen markiert und darüber hinaus etwa alle zwanzig Meter ein Flughafenmitarbeiter „aufgestellt", damit Sie heil im Gebäude ankommen.

Bitte beachten Sie unbedingt, dass Sie keinen Schritt neben die Hütchen setzen! Das Verlassen des aus unerfindlichen Gründen manches Mal in Schlangenlinien zum Flughafengebäude verlaufenden markierten Weges wird ein sofortiges Einschreiten des Sicherheitspersonals zur Folge haben. Mithin gilt – wenn Ihnen der Wegesverlauf auch noch so schleierhaft erscheint –: it's Africa! Folgen Sie trotzdem der Strecke, die sich das freundliche Flughafenpersonal für Sie ausgedacht hat. Hauptsache ist doch, dass Sie im Gebäude ankommen!

Im Flughafengebäude eingetroffen, wird Sie in Kapstadt und Johannesburg eine internationalen Standards angemessene Einreiseprozedur erwarten. Besonderheiten gibt es hierbei nicht.

Etwas anderes gilt wiederum für Namibia. Im Flughafengebäude angekommen, werden Sie an einen der vier Counter ihren „Check-in" absolvieren müssen. Dabei können Sie die im rechten Teil befindlichen zwei Schalter vergessen, die für namibische Staatsangehörige einerseits und Zugehörige des südafrikanischen Staatenbundes andererseits reserviert sind. Selbst wenn Reisende dieser Kategorien nicht an Bord waren, hätten Sie ausgesprochenes Glück, wenn das an den entsprechenden Schaltern befindliche Personal für die übrigen Einreisenden aktiv werden würde. Das wird regelmäßig nicht der Fall sein. Stellen Sie sich zunächst also auf eine längere Wartezeit ein.

Sofern Sie dann zu den Glücklichen gehören, die als Nächstes an den Schalter zur Überprüfung des Einreiseformulars und des Passes gerufen werden, gilt, dass Sie keinesfalls selbst aktiv werden dürfen! Bitte beachten Sie, dass auf dem Boden rote Markierungen angebracht sind, die Ihnen das unmittelbare Herangehen an den Schalter schlicht untersagen! Derart wichtige Anordnungen einzuhalten genießt in Namibia höchste Priorität! Hier scheint nachhaltig während der Kolonialzeit abverlangte Disziplin und Ordnung nachzuwirken. Verletzungen derartiger Regeln werden oftmals mit verlängerter Wartezeit geahndet.

So hatte ich im vergangenen Jahr das Glück, als Erster das Flugzeug verlassen zu können. Da ich auch den Hindernislauf über das Rollfeld brav entlang der Lübecker Hütchen exzellent absolviert hatte, ging ich sofort an den Schalter, um die bereits gewohnte Einreiseprozedur hinter mich zu bringen. Weit gefehlt! Obwohl ich mit einem freundlichen „How are you?" ein bei 40°C Umgebungstemperatur bestenfalls zu erwartendes dünnes Eis brechen wollte, wurde ich von der Schalterbeamtin darauf hingewiesen, dass ich hinter die rote Markierung zurückzutreten hätte. Nun gut – die Einreise sollte schließlich nicht an diesen 1,5 m scheitern. Dementsprechend ging ich zwei Schritte zurück und stellte mich für ein bis zwei Sekunden hinter die Markierung, um sodann wieder hervorgerufen zu werden.

Perlhühner

Gelbschnabeltoko

Nun hatte alles seine Richtigkeit. Indes merkte ich, dass die Schalterbeamtin mich meines Verhaltens wegen einer besonders gründlichen Kontrolle unterzog. Selbst größte Mühen, die Stimmung zu heben, fruchteten nicht. Das mir von meinen vorherigen Einreisen bekannte gewohnte zügige Stempeln des Reisepasses verzögerte sich:

Wie immer war anzugeben, wo denn die erste Station meiner Reise hinführen sollte. Diese Station ist auf dem Einreiseformular anzugeben. Dies hatte ich nicht getan, da ich einen Freund besuchen wollte, der in Okahandja wohnt – dort umgangssprachlich „Up'n Plot". Das war nichts anderes als ein kleines landwirtschaftlich genutztes Grundstück von etwa 35 000 Quadratmetern ohne Straßennamen und Hausnummer. „Up'n Plot" hatte ich als Straßennamen angegeben.

Abgesehen davon, dass die Schalterbeamtin nun auch die Angabe einer Hausnummer erwartete, hatte sie zwischenzeitlich – manchmal gibt es auch in Namibia Netzanschluss – herausbekommen, dass es eine Straße „Up'n Plot" in Okahandja nicht gibt. Das schien insgesamt zu viel gewesen zu sein – erst das Überschreiten der roten Markierung, dann die Angabe eines vermeintlichen Straßennamens, den es nicht gab, zusammengenommen mit dem Nichtwissen der Hausnummer, führte dazu, dass ich mich zunächst zur Seite stellen musste und nachdenken sollte. Die Einreise schien in diesem Moment in Gefahr.

Nachdem sich jedoch die Gemüter etwas beruhigt hatten und zwischenzeitlich einige andere Reisende abgefertigt worden waren, starteten die Schalterbeamtin und ich einen zweiten Versuch. Demütig trat ich jetzt an den Schalter heran. Ich hatte nun als erste Anlaufadresse einen Freund in Windhoek benennen können, den ich angerufen hatte und dessen konkrete Adresse ich angeben konnte. Gott sei Dank – damit war ich nun durch, konnte meinen Koffer vom Laufband nehmen und meinen Urlaub beginnen! Mein Fazit: Es empfiehlt sich immer, bei der Einreise einen konkreten Namen/Hotel/Campingplatz nebst kompletter Adresse parat zu haben, um ungehindert einreisen zu können.

In den jeweiligen Flughafengebäuden wartet – so Sie sich einen Mietwagen genommen haben – ein Mitarbeiter des Mietwagenunternehmens. Er wird ein großes Schild mit ihrem Namen in die Luft halten und Sie sodann zum Unternehmenssitz bringen. Dort werden Sie ihren Mietwagen in Empfang nehmen.

# Der Mietwagen Verkehrsregeln, Tanken, Carwatcher

## Oder: Sparen Sie nicht am falschen Ende!

Bezüglich des Mietwagens, den Sie bereits von Deutschland aus vorbuchen müssen, gilt, dass Sparfüchse sich darauf einstellen sollten, es im südlichen Afrika aufgrund des von ihnen gemieteten Fahrzeugs mit zusätzlichen Abenteuern zu tun zu bekommen. Es ist sicherlich nicht jedermanns Sache, den gesamten Reiseplan wegen tagelanger Verzögerungen auf den Kopf gestellt zu sehen und über die ohnehin einem ersten Aufenthalt im südlichen Afrika eigenen Abenteuer hinaus weitere technische Herausforderungen bewältigen zu müssen. Mithin gilt, dass Sie sich bei Anmietung eines Fahrzeuges an Vermieter wenden sollten, die zumindest einige Jahre am südafrikanischen Markt tätig sind. Insoweit kann ich einmal mehr nur auf die zahlreichen Internetforen wie www.namibia-forum.ch, www.namibia-connection.com und andere verweisen. Ich selbst bin seit Jahren gut mit Fahrzeugen der Firma „Camping Carhire" aus Windhoek unterwegs gewesen. Verlässlich sind beispielsweise auch die Unternehmen „Caprivi-Carhire" und „Namvic Tours und Safari".

Einen Mietwagen können Sie in den südafrikanischen Ländern grundsätzlich erst anmieten, sofern sie dreiundzwanzig Jahre alt sind. Eine Ausnahme stellt die Firma „Namvic Tours und Safari" dar, die bereits an Reisende vom einundzwanzigsten Lebensjahr an Autos verleiht. Bei allen drei Unternehmen liegt die Unfallquote sehr niedrig, da die Wagen gedrosselt sind. Sie werden mithin nicht in Verlegenheit kommen, mit 180 km/h auf der Schotterpad aus der Kurve getragen oder aber durch eine Radarkontrolle erfasst zu werden. Da die Wagen zudem bei allen drei Unternehmen technisch sehr gut in Schuss gehalten werden, sollte einer entspannten Reise nichts entgegenstehen.

Bei Entgegennahme des Mietwagens haben Sie einige Formalitäten zu erledigen. Der Reisepass muss vorgelegt werden, ebenso der nationale und internationale Führerschein. Letzteren können Sie sich in Deutschland unproblematisch kurzfristig besorgen. Sodann sind einige Formulare auszufüllen. Hierbei werden Sie sich vor die Frage gestellt sehen, wie Sie das Fahrzeug versichern wollen. Bitte beachten Sie, dass es sich nicht zuletzt aufgrund des herrschenden Linksverkehrs und der recht unnachsichtigen Fahrweise der heimischen Bevölkerung empfiehlt, eine Versicherung abzuschließen, die unserer Vollkaskoversicherung entspricht. Auch wenn Sie hierfür einiges an Geld werden auf den Tisch legen müssen, können Sie dann wesentlich sorgenfreier fahren.

Bitte befassen Sie sich unbedingt auch mit Risikoausschlüssen! So ist bei vielen Mietwagenunternehmen das Fahren in bestimmte „Risikogebiete" zuschlagpflichtig. Wollen Sie beispielsweise in das Kaokoveld im Nordwesten Namibias, in Wüstengegende oder aber von Namibia oder Südafrika aus in umliegende Länder, sind Sonderbeiträge fällig. Zahlen Sie diese nicht und begeben sich trotzdem in die sogenannten Risikogebiete, haben Sie keinen Versicherungsschutz. Derartige Fahrten würden vom Fahrzeugvermieter im Übrigen immer festgestellt werden können, da die Fahrzeuge GPS-überwacht sind.

Bei Übergabe des Wagens vergewissern Sie sich unbedingt, dass das Fahrzeug über die volle Ausstattung verfügt. Sodann können Sie – sofern Sie bei soliden Anbietern gemietet haben – beruhigt einsteigen und losfahren. Die Wagen sind mit einer kompletten Campingausrüstung sowie mit Ersatzteilen und Werkzeug ausgestattet. Lassen Sie sich das Aufstellen der Dachzelte sowie die Verwendung der Ersatzteile und des an Bord befindlichen Werkzeuges erklären. Nehmen Sie sich dafür Zeit und Ruhe. Checken Sie den Wagen gründlich, und schreiben Sie sämtliche Kratzer, Beulen und Schäden, die Sie vor ihrer Abfahrt am Wagen feststellen, auf. Das so gefertigte Protokoll lassen Sie vom Vermieter gegenzeichnen und sich eine Fotokopie des entsprechenden Blattes aushändigen. Diese Vorgehensweise verhindert Streit bei der Rückgabe des Wagens, ist in den südafrikanischen Ländern zudem üblich und wird von den Vermietern bei Übergabe des Fahrzeuges normalerweise selbst angeboten. Vorsichtshalber könnten Sie auch mit Ihrem Smartphone entsprechende Fotos anfertigen, was auch für etwaige Zwischen- oder Unfälle im Verlauf Ihrer Autoreise gilt. Bereits auf dem Weg vom Flughafen zum Autovermieter werden Sie bemerkt haben, dass im südlichen Afrika

Linksverkehr herrscht. Dies ist zwar neu für Sie, doch gewöhnt man sich relativ schnell an die Umstellung.

Zunächst werden Sie den Scheibenwischer und die Blinker verwechseln – auch sie sind spiegelverkehrt montiert. Diese Dinge sollten für Sie Anlass sein, zumindest zunächst sehr defensiv und vorsichtig zu fahren. Ich empfehle zudem, zumindest in den ersten zwei bis drei Tagen mit dem Pkw nicht in das Gewühl der Städte zu fahren, zumal Sie – so Sie sich die Städte wie Johannesburg, Kapstadt oder Windhoek ansehen wollen – sicherlich besser bedient sind, eine geführte Tour zu buchen. Zum einen ist dies „fahrerisch gefahrlos", zum anderen werden Sie professionell geführt sicherlich mehr sehen, als Sie auf eigene Faust erkunden könnten.

Bezüglich der Verkehrsregeln ist, abgesehen von der Tatsache, dass Linksverkehr herrscht, darauf hinzuweisen, dass in Südafrika die aktuelle Promillegrenze bei 0,5 g Promille, in Namibia und Botswana bei 0,0 g Promille liegt. Namibia ist im Übrigen dazu übergegangen, Fahrerinnen und Fahrern, die unter Einfluss von Alkohol fahren, an Ort und Stelle nicht nur den Führerschein abzunehmen, sondern auch das geführte Fahrzeug sicherzustellen. Das wäre für Sie natürlich eine Katastrophe – sowohl gegenüber dem Mietwagenunternehmen als auch für den Urlaub an sich, den Sie sodann fortan auf einer Lodge oder Gästefarm verbringen und sich von der von Ihnen geplanten Tour verabschieden können. Also gilt: Nüchtern fahren!

Ebenso konsequent sind die südafrikanischen Staaten, sofern Sie mit ihrem Handy am Steuer erwischt werden. Auch hierbei gilt, dass die Polizei regelmäßig unnachsichtig ist, Ihnen das Handy abnehmen und eine drastische Strafe gegen Sie verhängen wird.

Auch an die Geschwindigkeitsbegrenzungen sollten Sie sich unbedingt halten. Diese betragen innerorts 60 km/h, außerorts 100 km/h sowie auf Autobahnen 120 km/h. In Namibia dürfen Sie– dort gibt es lediglich die Autobahn A1, die streckenweise von Okahandja nach Windhoek führt, jedoch noch nicht in Gänze fertiggestellt ist – auch auf entsprechend ausgeschilderten Überlandstraßen 120 km/h fahren.

Die Geschwindigkeitsüberwachung steht in Sachen Konsequenz und Unnachgiebigkeit den übrigen Kontrollen in nichts nach: Sofern Sie bereits mit geringen Geschwindigkeitsüberschreitungen erwischt werden, brauchen Sie eine Diskussion mit den Messbeamtinnen oder Messbeamten nicht anzufangen. Dies würde Ihre Schwierigkeiten nur vergrößern. Hüten sollten Sie sich heutzutage auch davor, die vor Jahren noch üblichen Angebote zu unterbreiten, eine entsprechende Anzeige gegen „Handgeld" fallenzulassen. Zwar ist nicht ausgeschlossen, dass Sie damit auch heute noch Erfolg hätten. Allerdings können Sie auch an die Falschen geraten und sich auf unter Umständen lange Vernehmungen einstellen. Also lassen Sie sich einfach einen Strafzettel ausstellen und zahlen Sie später die verhängte Geldbuße.

Mit Geschwindigkeits- und Verkehrskontrollen müssen Sie überall rechnen. Selbst in einsamen Gegenden machen sich mobile Polizeieinheiten auf, Schnellfahrer zur Strecke zu bringen. Dabei sind derartige Kontrollstationen ebenso gut getarnt wie der Leopard im Busch: Sie werden die Kontrollstationen erst sehen, wenn es zu spät ist.

Im südlichen Afrika werden Ihnen an Kreuzungen sogenannte „Four way Stopps" begegnen. Dies sind Kreuzungen, an denen der Verkehr zu allen Seiten hin durch ein Stoppschild geregelt ist, unter dem ein kleines Zusatzschild 4-WAY angebracht ist. Hier gilt, dass alle an die Kreuzung heranfahrenden Wagen zu halten haben. Derjenige, der die Kreuzung beziehungsweise den Haltebalken zuerst erreicht hat, darf auch zuerst fahren. Diejenigen, die später gekommen sind, fahren in entsprechender Reihenfolge.

Die Regelung hört sich kompliziert an, und man kann sich als Westeuropäer kaum vorstellen, dass so etwas funktioniert. Tatsächlich jedoch läuft das Ganze im südlichen Afrika reibungslos. Im Zweifel wird per Blickkontakt und Handzeichen zum Fahren aufgefordert.

Gewöhnungsbedürftig ist der südafrikanische Kreisverkehr. Selbstverständlich fahren Sie nach links in den Kreisverkehr ein. Dies allerdings erst, wenn von rechts keinerlei Verkehr mehr kommt. Wie auch in Deutschland hat der im Kreisel befindliche Verkehr Vorfahrt.

Viele Kreisel sind mehrspurig geführt. Dabei fährt im Innenkreis der schnellere Verkehr und derjenige, der eine entfernter liegende Ausfahrt sucht. Nicht ganz unproblematisch ist es dann allerdings, rechtzeitig vom inneren Kreis auf den Außenkreis zu wechseln, um die gewünschte Ausfahrt zu erreichen. Dementsprechend halte ich mich mit meinem Fahrzeug stets im Außenkreis, um Spurwechsel zu vermeiden und reibungslos herausfahren zu können. Dies mag gegebenenfalls einmal zum Hupen durch „einheimische Kreiselprofis" führen. Das ist mir und sollte auch Ihnen jedoch egal sein.

Sofern Sie in südafrikanischen Städten unterwegs sind und vor roten Ampeln halten müssen, ist es empfehlenswert, den Wagen von innen zu schließen, damit sie von Verkaufsangeboten aufdringlicher Straßenverkäuferinnen und Straßenverkäufer verschont bleiben. Ansonsten laufen sie Gefahr, dass ihre Wagentür geöffnet und versucht wird, Ihnen irgendwelche Waren anzudrehen.

Wenn sie nachts unterwegs sind, sollten Sie innerorts die Fahrzeugtüren generell verriegelt halten. Zudem sollten Sie nachts nach Möglichkeit nicht in einsamen Gegenden umherfahren oder campen. Auch die Randbereiche der größeren Städte sollten Sie aus Sicherheitsgründen meiden.

Schließlich wird ihr Fahrzeug auch betankt werden müssen.

Das südliche Afrika ist mittlerweile mit einem guten Tankstellennetz versehen. Insbesondere in Südafrika und Namibia hat man kaum noch Schwierigkeiten, Tankstellen zu finden. Etwas anderes mag noch für das nordwestliche Namibia gelten. Da die Mietfahrzeuge – jedenfalls die, die mit Dachzelten versehen sind – regelmäßig sogenannte Double-tanks (doppelte Tankkapazität) haben, können Sie mit einer Tankfüllung gut und gern 800–1000 km zurücklegen. Schwierigkeiten sollten Sie insoweit also nicht bekommen. Einzig in Botswana müssen Sie wegen weitaus weniger er-schlossener Straßen und Wege und entsprechend dünnem Tankstellennetz sich im Voraus Gedanken über Betankungs-möglichkeiten ihres Wagens machen und gegebenenfalls einen Reservekanister an Bord nehmen.

Wenn Sie Ihren Wagen gerade vollgetankt haben und sich die Nadel der Tankanzeige nicht bewegt, machen Sie sich bitte um die Funktionsfähigkeit der Tankanzeige keine Gedanken. Die Tankanzeige wird erst aktiv, wenn der erste Tank des Doppeltanks leer gefahren ist. Die Anzeige ist mithin einfach an den normalen Tank des Wagens, mit dem er serienmäßig ausgestattet war, gekoppelt.

Beim Tanken selbst sollten Sie aus dem Fahrzeug aussteigen und durchaus einen Blick auf den Tankwart, der Ihren Wagen betankt, haben. Zudem sollten Sie – so nicht Mitfahrer im Wagen verbleiben – den Wagen während des Tankens verschließen.
Dass Sie darüber hinaus keine Wertgegenstände sichtbar im Fahrzeug liegen haben sollten, versteht sich von selbst. Bitte beachten Sie, dass der Begriff „Wertgegenstand" im südlichen Afrika wesentlich anders verstanden wird als in Europa. Selbst eine sichtbare im Fahrzeug herumliegende CD, ein Kugelschreiber oder Ähnliches können Begehrlichkeiten wecken, die Ihnen Unannehmlichkeiten bereiten. Aus diesem Grunde lassen Sie alles aus dem Sichtfeld verschwinden, was in irgendeiner Weise zu gebrauchen sein könnte.

Das Personal an den Tankstellen wird in der Regel mit mehreren Personen an ihrem Wagen tätig. So wird einer die Scheiben des Fahrzeuges waschen, ein anderer Öl- und Wasserstand checken sowie ein Dritter schließlich das Betanken an sich übernehmen. Grundsätzlich wird also noch Service geleistet. Dies sollten Sie sich ein paar Dollar kosten lassen. Allerdings verderben sie nicht die Preise! Mehr als fünf Dollar sollte man pro Nase sicherlich nicht spendieren,

da ansonsten ein völliges Ungleichgewicht zu den Stunden-
löhnen, für die teils sehr hart gearbeitet werden muss, ent-
steht.

Auch mit Verkehrskontrollen an fest installierten Punkten
der Ausfallstraßen und mobilen Anhaltekommandos müssen Sie stets rechnen.

Kontrollen im südlichen Afrika finden insbesondere an den
Ausfallstraßen von Städten, aber auch völlig beliebig auf irgendwelchen Überlandstraßen statt. Diese Kontrollen werden Sie zunächst als unangenehm empfinden, aber man gewöhnt sich daran! Außerdem werden Sie ohnehin zumeist
durchgewunken werden. Wenn es Sie jedoch erwischt,
läuft's wie folgt ab:
Eine Polizeibeamtin oder ein Polizeibeamter wird an ihr
Fahrerfenster herantreten und Sie mit den Worten „How are
you?" begrüßen. Hierauf antworten Sie schlicht mit einem
kurzen „fine". Sodann wird man Ihren Reisepass als auch
ihren Führerschein verlangen. Nach Vorzeigen dieser Do-
kumente dürfen Sie regelmäßig weiterfahren. Gegebenenfalls wird polizeilicherseits noch einmal eindrucksvoll um ihr
Fahrzeug herumgegangen. Weitere Schwierigkeiten dürften
Sie nicht erwarten. Allerdings ist es – wie stets bei Über-
landfahrten – ausgesprochen ratsam, sämtliche Wertgegenstände im Fahrzeug vor derartigen Kontrollstellen, die von
weit her zu erkennen sind, unsichtbar zu verstauen. Auch
bei derartigen Kontrollen sind Sie nämlich keineswegs davor
sicher, in Diskussionen um die Abgabe irgendwelcher Dinge zu geraten, damit ihnen die Weiterfahrt gewährt wird.
So hat die bereits oben erwähnte CD auf dem Armaturen-

brett bei meinem ersten Afrikabesuch dazu geführt, dass ein Beamter meinte, die für meine Tochter mitgebrachte Amy McDonald-CD als Gegenleistung für die Weiterfahrt erhalten zu müssen. Dieses Ansinnen lehnte ich selbstverständlich zunächst ab, wurde dann jedoch schlicht im Fahrzeug sitzen gelassen. Sodann wurde mein Reisepass kontrolliert. Diese Kontrolle führte dazu, dass der Beamte seine Kollegen lauthals zusammenrief und sie darauf aufmerksam machte, dass der Fahrzeugführer – ich muss gemeint gewesen sein – aussehen würde wie Johnny Depp. Sicherlich nicht!

Dennoch war mein Fahrzeug binnen Sekunden von zwar freundlichen und lachenden schwarzen Gesichtern umgeben. Ungeachtet dessen fühlte ich mich natürlich unwohl, da ich eine derartige Situation nicht gewohnt war. Sicherlich hätte ich die CD nicht weggeben müssen. Da es jedoch eine Doppel-CD war, einigte ich mich mit den Beamten darauf, dass ich eine CD herausgeben und das Cover mit der anderen CD für meine Tochter behalten würde. Auf dieser Basis wurden wir uns handelseinig. Fortan habe ich jedoch immer darauf geachtet, derartige Geschäfte nicht nochmals machen zu müssen. Aus diesem Grunde gilt – sofern im Fahrzeug nichts Brauchbares zu sehen ist, werden entsprechende Situationen, die Sie im Urlaub wirklich nicht brauchen, auch nicht heraufbeschworen.

Dennoch: Sollten Sie jemals bei derartigen Kontrollen Schwierigkeiten haben, lassen Sie sich nicht dazu verleiten, unfreundlich zu werden. Die Kontrollbeamten sitzen definitiv am längeren Hebel.

Ein Thema sollen hier schließlich noch die im gesamten südafrikanischen Raum üblichen „Carwatcher" sein.

Sofern Sie Ihren Wagen vor einem Einkaufszentrum, an einem Holzmarkt oder aber irgendwo in den Städten abstellen, werden Sie von Schwarzen, mit gelb-orangener Weste bekleidet, angesprochen werden, die ihre Dienste als Aufpasser Ihres Wagens anbieten. Hierbei ist etwas Vorsicht geboten. Ich habe bisher mit diesen Carwatchern nur gute Erfahrungen gemacht und bin nie enttäuscht worden. Ich weiß allerdings, dass es auch Aufpasser gibt, die Ihre Abwesenheit sodann nutzen, um den Wagen auszuplündern. Insofern lasse ich das Fahrzeug trotz des Aufpassers nie ganz allein. Entweder halte ich mich in Blickweite auf oder aber irgendeiner der Mitreisenden bleibt ebenfalls am Wagen.

Zudem bekommt ein Carwatcher von mir zunächst eine Anzahlung und darüber hinaus die Zusage, eine Restzahlung nach meiner Rückkehr zu erhalten. Als ich einmal kein Kleingeld zur Hand hatte, habe ich einen 10-Dollar-Schein zerrissen, dem Schwarzen zunächst die eine Hälfte in die Hand gedrückt und ihm versprochen, dass er die zweite Hälfte bei meiner Rückkehr erhalten würde. Tatsächlich war auf den Wagen gut aufgepasst worden. Als Service war sogar die Windschutzscheibe gewaschen worden, so dass sich die zweite Hälfte des Scheins gern übergeben habe. Auch hier gilt im Übrigen: Seien Sie nicht zu großzügig. Die von mir gegebenen zehn Dollar waren eine Ausnahme. Für fünf Rand oder namibische Dollar müssen noch heute Farmarbeiter oftmals eine Stunde hart arbeiten! Wenn auch Ihnen fünf Dollar als kleines Geld erscheinen mag – im südlichen Afrika ist es viel!

# Organisation von Pirschfahrten

## Oder: In der Ruhe liegt die Kraft

Damit die Ausfahrten, in deren Verlauf Sie Wildbeobachtungen machen wollen, den gewünschten Erfolg bringen, sollten einige Dinge beachtet werden. Diese Dinge gilt es auf jeder Pirschfahrt – in Afrika „Gamedrive" genannt – zu beachten, gleichgültig ob Sie in Südafrika, Namibia, Botswana, Simbabwe oder Sambia stattfindet.

Eine erste Pirschfahrt sollte sinnvollerweise in einem der großen Nationalparks wie dem Krüger Park oder aber dem Etosha-Reservat stattfinden. Diese Parks bieten hinreichende Sicherheit, und aufgrund eines passablen Wegenetzes drohen dem Afrika-Neuling nur wenig Gefahren. So ist volle Konzentration auf das, was um einen herum geschieht, möglich, ohne die Sicherheit der Fahrt zu gefährden.

Darüber hinaus gibt es bezüglich der großen Nationalparke diverse Literatur und Land- und Wegekarten, die eine Planung der entsprechenden Ausfahrten schon von zu Hause aus ermöglichen. Dies spart Ihnen zum einen Urlaubszeit vor Ort, steigert zum anderen die Vorfreude, da Sie sich zu Hause schon intensiv mit den Dingen befassen können.

Nachfolgend wird die Planung einer Tour am Beispiel einer Ausfahrt in das Etosha- Reservat dargestellt:

Ich habe stets sehr erfolgreiche Gamedrives durch das Etosha-Reservat unternommen, indem ich die Touren anhand des Buches „Der Expertenführer Etoscha" von Neil McLeod und Nikos G. Petrou sowie der schlichten Karte „Map of Etosha" (zu beziehen über www.namibiana.de) geplant hatte.

In dem Buch von McLeod/Petrou werden gut nachvollziehbare Beobachtungstipps gegeben, indem der gesamte befahrbare Ostteil des Reservats von Wasserloch zu Wasserloch abgearbeitet wird. Die Hinweise auf den erst seit drei Jahren für die Öffentlichkeit geöffneten Westteil des Reservates sind naturgemäß dürftig, da dort lediglich zwei Camps installiert sind und die Zahl der Wasserlöcher gering ist.

Bleiben wir beim Ostteil:

In dem Buch wird sehr exakt beschrieben, in welchen Gegenden und zu welchen Zeiten die größten Chancen bestehen, bestimmte Tiere an Wasserlöchern beobachten zu können. Dementsprechend kann man rückschließen, wann in etwa die Tiere zu den Wasserlöchern ziehen und in der Umgebung zu sehen sein müssen.

Ich habe sodann die Hinweise, die man dem Buch entneh-
men kann, so in die „Map of Etosha" eingearbeitet, dass
ich per selbstklebenden verschiedenfarbigen Markierungs-
punkten in der Karte schnell sehen konnte, wann gemäß
McLeod/Petrou welche Tierarten auftauchen würden. Diese
Art der Tourvorbereitung hat den Vorteil, dass während der
Fahrt nicht mit einem Buch hantiert werden muss, sondern
man sich per Blick auf die Karte anhand der Markierungs-
punkte vergewissern kann, welche Tiere in der Nähe sein
könnten.

Ich war ausgesprochen skeptisch, ob die Tiere nach
Vorhersage und gemäß Buch zu finden sein würden.
Ich habe jedoch festgestellt, dass ich gut fünfzig Prozent
der Tierbeobachtungen, die durch das Buch „Der Expertenführer Etosha" beschrieben werden, tatsächlich selbst
an den entsprechenden Orten machen konnte. Genau

dort, wo die entsprechenden Tiervorkommen beschrieben waren, habe ich die Tiere oftmals angetroffen. Auch die grobe Einordnung, welche Tierart in erster Linie in welchen Gegenden des Reservats anzutreffen ist, ist verlässlich. Dass darüber hinaus noch hervorragende Tipps für den Fotografen hinsichtlich Standpunkt und Lichtverhältnisse gegeben werden, sei lediglich am Rande erwähnt.

Bei der Tourplanung im Etosha-Reservat gilt darüber hinaus, dass das Straßen- und Wegenetz sehr überschaubar ist. Ein Verirren im Reservat ist unmöglich. Gleichgültig, welche Schlaufen Sie fahren würden – Sie gelangen immer wieder an einen der Hauptwege Richtung Okauquejo, Halali oder Namutoni. Mithin gilt: Haben Sie den Mut, von den Hauptwegen abzufahren. Fahren Sie auch die kleinen „Drives" und Schlaufen (Detours) ab. Sie werden hier oftmals mehr Beobachtungen machen als rechts und links der vielbefahrenen Hauptwege möglich. So habe ich im Jahre 2014 meinen ersten Leoparden in freier Wildbahn beobachten können. Wir waren von Halali Richtung Namutoni unterwegs, als ich mich entschloss, von der Hauptpad abzufahren und eine Detour zu nehmen. Als wir gerade mal einen Kilometer gefahren und dabei keinem anderen Wagen begegnet waren, sah ich von weitem einen exponierten Baum, in dem irgendetwas hing. Ich hielt den Wagen sofort an, nahm mein Fernglas und traute meinen Augen nicht: Tatsächlich lag in dem Baum in bestenfalls drei Metern Höhe ein Leopard, der sich ausruhte.

Wir fuhren sehr langsam – zeitweise unter Schrittgeschwindigkeit – in Richtung des Baumes. Sämtlichen Wageninsassen verordnete ich Bewegungsstarre. Das Tier machte keinerlei Anstalten, die Flucht zu ergreifen, so dass wir schließlich direkt schräg unter dem Tier mit unserem Fahrzeug zum Stehen kamen. Stundenlang konnten wir den Leoparden beobachten, ohne dass er sich in irgendeiner Weise bedrängt oder beeinträchtigt fühlte. Im Gegenteil – er schien so ruhig und friedlich zu sein, dass man meinte, sogar aussteigen zu können. Dass wir das aber doch unterlassen haben, brauche ich nicht weiter zu vertiefen.

Bevor Sie zum Gamedrive aufbrechen, gilt es, für die Zeit im Reservat vorzusorgen:

So Sie nicht die in den Camps der Reservate überall vorhandene Restauration in Anspruch nehmen, sondern sich selbst versorgen wollen, sollten Sie vorher einkaufen. Die Möglichkeiten, in den in den jeweiligen Camps gelegenen Shops einzukaufen, sind eher dürftig. Im Übrigen haben Sie keine Gewähr dafür, dass Sie ihren Wünschen entsprechend einkaufen können, da die Warenregale oftmals leer sind. Aus diesem Grunde hat es sich bewährt, vor Einfahrt in das Etosha-Reservat die in jedem Wagen befindliche Kühltruhe „aufzurüsten" und mit Grillgut, Gemüse und Obst zu füllen, um so unabhängig von den in den Camps gelegenen Shops zu sein. Die Shops sollten Sie lediglich im Notfall nutzen, um eventuell fehlende Kleinigkeiten zuzukaufen. Für einen „großen Einkauf" empfehlen sie sich nicht.

Sofern Sie sich einmal verwöhnen lassen und die in den Camps befindlichen Restaurants nutzen wollen, steht dem nichts im Wege. Zumindest Okauquejo, Halali und

Namutoni verfügen über eine recht ansprechende Restauration. Die Preise sind in Ordnung. Erst recht darf man sich dort nach einem anstrengenden Gamedrive-Tag einfach mal bedienen lassen. Auch in den Restaurants im südlichen Afrika erwartet das Personal ein kleines Trinkgeld.

Bereits erwähnt habe ich, dass es ratsam ist, die Stationen der Reise vorzubuchen. Dies ist sowohl in den Camps des Krüger Nationalparks als auch in denen des Etosha-Reservates, aber auch im Bereich des Sambesi(Caprivi)-Zipfels und in der Gegend rund um die Victoria-Fälle ratsam, um nicht böse Überraschungen wegen ausgebuchter Camps zu erleben. Die Online-Reservierungen sind zudem recht einfach von zu Hause aus vorzunehmen.

*Victoriafälle: Stets vorbuchen!*

Sofern Sie nicht direkt bei den Anbietern buchen, sondern Vermittlungsagenturen in Anspruch nehmen, müssen Sie beachten, dass diese Agenturen selbstverständlich einen Aufschlag erheben.

Nachdem Sie also ihr vorgebuchtes Quartier bezogen, ihre Pirschfahrt anhand Buch und Karte geplant sowie den Wagen mit dem nötigen Proviant aufgerüstet haben, können Sie in das Reservat einfahren. Die Einfahrt kann über eines der insgesamt vier Tore erfolgen. Im Norden kann über das King-Nehale-Tor, im Westen über das Galton-Tor, im Süden über das Andersson-Gate sowie im Osten über das Lindequist-Gate eingefahren werden.

Bei der Einfahrt in die Reservate – so auch ins Etosha-Reservat – müssen Sie ein sogenanntes Permit lösen. Damit erkaufen Sie sich die Berechtigung, für die Anzahl der von Ihnen gebuchten Tage im Reservat unterwegs zu sein.

Bei der Einfahrt müssen Sie an den jeweiligen Gates angeben, wie lange Sie gebucht haben, mithin wie lange Sie bleiben wollen und wann Sie wo im Reservat zu übernachten gedenken. Sie müssen hinsichtlich dieser Dinge ein Formular ausfüllen und Ihren Reisepass vorlegen.

Bitte stellen Sie sich darauf ein, dass Ihnen an den Gates mehr oder weniger freundliche Beamtinnen und Beamte behilflich oder eben nicht behilflich sind.

Durchweg sind die Gates mit freundlichen Bediensteten besetzt, so dass sich alle Schwierigkeiten gut regeln lassen sollten. Dabei ist mir ein freundlicher Kommunikationston stets behilflich gewesen. Auch durch einen Bediensteten, der einmal einen schlechten Tag haben mag, sollten Sie sich nicht aus der Ruhe bringen lassen. Sie haben Urlaub und Zeit! Und schließlich ist es so weit – Sie fahren, mit ihrem Permit ausgestattet, in das Reservat ein.

*Andersson-Gate bei Okaukuejo*

Vom Andersson-Gate im Süden führt eine geteerte Straße (Afrikaans: Pad) nach Okaukuejo. Von Namutoni im Osten führt eine Teerstraße hinaus Richtung Tsumeb. Vom Norden und Westen gelangen Sie ebenfalls unproblematisch über geteerte oder gut geschotterte Straßen in das Reservat. Dort werden Sie überwiegend Schotterpad vorfinden. Auch diese Pads sind jedoch gut zu befahren. Etwas anderes mag – insbesondere rund um die eigentliche Salzpfanne im Zentrum des Reservates – während der Regenzeit gelten. In der Regenzeit kann es dort durchaus matschig werden. Dennoch ist die Bewältigung derartiger Streckenabschnitte regelmäßig kein Problem, wenn Sie ein Fahrzeug mit Allradantrieb nutzen. Das würde ich empfehlen.

Streckenabschnitte, die unbefahrbar geworden sind, werden außerdem durch Ranger gesperrt. Ihnen droht mithin keine Gefahr, dass Sie mit Ihrem Fahrzeug unerwartet stecken bleiben.

Teilweise gibt es auch sandige Gegenden, so beispielsweise nach Nordost hinaus Richtung Andoni. Auch diese Pad lässt sich jedoch einwandfrei befahren. Und für den Fall der Fälle gilt: Sie bewegen sich innerhalb des Etosha-Reservats. Sie werden – erst recht in der Hauptreisezeit – regelmäßig auf andere Touristen treffen. Sie werden zudem auch auf Ranger treffen. Wenn Sie mithin tatsächlich mit ihrem Fahrzeug eine Panne haben sollten, ist Hilfe in kürzester Zeit zur Stelle. Auch wenn Sie kein Fahrzeugmechaniker sind, dürfen Sie sich eine Tour durch die Nationalparke zutrauen!

Sie sollten allerdings beachten, dass Sie bei einer Panne nicht etwa aussteigen und eventuelle Defekte am Fahrzeug oder einen Reifenwechsel allein vornehmen. Auf diese

Art und Weise wird der Spruch des legendären Reiseleiters Bahee aus Tommy Jauds „Hummeldumm" schneller wahr, als Sie glauben: „Im Fahrzeug bist du Tourist, außerhalb des Fahrzeuges bist du Futter." Also warten Sie besser, bis Hilfe kommt und ihr Tätigwerden am Fahrzeug abgesichert werden kann, selbst wenn Sie meinen, dass weit und breit kein Tier zu sehen sei. Löwen und Leoparden liegen oftmals gut getarnt in der Nähe der Pad. Sie werden sie unter Umständen selbst auf eine Distanz von sieben bis acht Metern noch nicht erkennen.

Ob Sie nach Einfahren in das Reservat zugleich eine Ausfahrt anschließen oder aber zunächst einmal im Restcamp pausieren und die Dinge am nächsten Tag angehen, bleibt Ihnen überlassen. Ich schätze es, zunächst zur Ruhe zu kommen, mein Dachzelt in ebensolcher Ruhe aufzuziehen und die Ausfahrt für den nächsten Tag zu durchdenken. Insbesondere Spätnachmittage und Abende sind in den Camps in den Reservaten gut damit zu verbringen, die Auszäunung abzugehen. Hier werden Ihnen genügend Wildtiere in nächster Nähe begegnen. Zudem kann man sich bestens an einem der an jedem Camp befindlichen Wasserlöcher auf Beobachtungsposten setzen, einheimische Guides hinsichtlich aktueller Geschehnisse rund um das Camp befragen und der Dinge harren, die da kommen und sich abends und nachts am Wasserloch abspielen.

# Der Gamedrive

## Oder: Heia Safari!

Nun geht's los! Es empfiehlt sich, früh aufzustehen. Nicht umsonst sind sämtliche Camps innerhalb des Etosha-Reservates von Sonnenaufgang bis Sonnenuntergang geöffnet. Schon kurz vor Sonnenaufgang werden Sie ohnehin in ihrem Dachzelt durch Nachbarn, die ihrerseits ihre Zelte einklappen und sich zur Ausfahrt rüsten, geweckt. Aus diesem Grunde können Sie auch gleich aufstehen.

Eine Tasse Kaffee, ein Brot oder Zwieback (ich empfehle die südafrikanischen Oumas – sättigende und wohlschmeckende Zwieback- und Müslibrocken) sollten ausreichend sein, um für die nächsten zwei bis drei Stunden auszuhalten und umherfahren zu können. Ein ausgiebiges Frühstück sollten Sie auf später verschieben!

Eine Abfahrt bei Sonnenaufgang oder kurz danach lohnt, da die Chancen, gleich am frühen Morgen Wild zu sehen, sehr groß sind. Gerade die Katzen sind eher am frühen Morgen auszumachen, da sie in den frühen Morgenstunden und nachts, nicht jedoch in der Mittagshitze, aktiv sind und zu jagen pflegen. Und da Sie nachts in den Reservaten nicht unterwegs sein dürfen, bleiben Ihnen „nur" die Morgenstunden.

Löwen sind zudem – da sie wohl das nasse Gras der Savanne scheuen – oftmals auf der Pad unterwegs und können so bestens beobachtet werden. Aber auch alle anderen Tiere werden Sie eher in den zeitigen Morgenstunden und sodann wieder am späteren Nachmittag und abends sehen, da dann die Hitze erträglicher ist. Mit aufsteigender Sonne ziehen sich die Tiere in den schattigen Busch zurück und kommen erst nachmittags wieder hervor.

Es empfiehlt sich mithin, ruhig gegen 11.00 Uhr/11.30 Uhr wieder das jeweilige Camp anzufahren und dann das Frühstück nachzuholen. Eine zweite Ausfahrt am Nachmittag macht erst – jedenfalls in der heißen Jahreszeit – gegen 15.00 Uhr wieder Sinn.
Sodann können Sie bis in die Abendstunden hinein in dem Reservat unterwegs sein und haben beste Chancen, viel Wild zu Gesicht zu bekommen.
Wenn Sie im Reservat unterwegs sind, fahren Sie langsam!

Im Etosha-Reservat gilt eine Höchstgeschwindigkeit von 60 km/h. Tatsächlich durchfahren viele Besucher das Reservat mit einer derartigen Geschwindigkeit. Dann allerdings muss man sich nicht wundern, kaum Wild zu entdecken. Fahren Sie also besser viel langsamer! Ihre Augen sind für Wildbeobachtungen nicht geschult. Sie müssen den Augen die Chance geben, die Umgebung überhaupt wahrzunehmen. Die Tiere sind im Busch – erst recht wenn der Busch belaubt ist – und aufgrund ihrer Tarnung sehr schwer auszumachen. Ich empfehle mit bestenfalls dreißig Stundenkilometern, ge-

gebenenfalls sogar noch langsamer, durch das Reservat zu fahren. Sie werden feststellen, dass Sie dann viel mehr sehen als alle anderen. So ist mir ein Gespräch im Camp „Halali" in Erinnerung, in dem mich ein Engländer fragte: „Have you seen some animals?" Na klar – Tiere hatten wir genug gesehen. Am Nachmittag waren uns mit Elefanten, Nashorn,

Löwen und einem Leoparden vier der Big Five über den Weg gelaufen! Darüber hinaus hatten wir natürlich eine Menge an Giraffen, Zebras und Antilopen in Augenschein nehmen können.

Da die letzte Wildsichtung gerade einige hundert Meter vom Camp entfernt lag, lud ich den enttäuschten Zeitgenossen ein, mit mir nochmals hinauszufahren und zu versuchen, einige Tiere zu entdecken. Tatsächlich dauerte es bestenfalls zehn Minuten, bis ich zumindest mit drei Nashörnern und einer Herde Elefanten dienlich sein konnte.

Aber nicht nur, weil Sie Urlaub haben und Wild sehen möchten, verbietet sich schnelles Fahren. Auch aus Sicherheitsgründen sollten Sie meinen Rat beherzigen, langsam zu fahren.

Wir Europäer sind im Befahren von Schotterpad normalerweise unerfahren. Aus diesem Grunde sollte man sehr vorsichtig sein. Nicht selten werden Touristen mit ihren Mietwagen auf Schotterpad aus der Kurve getragen und in schwere Unfälle verwickelt. Außerdem denken Sie daran, dass die Tiere Vorfahrt haben. Die Pad ist nicht immer so einsehbar, um ausschließen zu können, dass Elefanten, Nashörner oder anderes Großwild plötzlich auf die Straße tritt. Kollisionen mit diesen Tieren sollten Sie unbedingt vermeiden!

Langsames Fahren und innere Ruhe zahlt sich aus! Aus diesem Grunde sollten Sie in den Reservaten gegebenenfalls einen Tag mehr buchen, um nicht von Camp zu Camp eilen zu müssen. Allein die Kilometer, die Sie beim Durchqueren des Etosha-Reservates von Okauquejo nach Halali und Namutoni oder umgekehrt zurücklegen müssen, erlauben dann kaum noch ein entspanntes Beobachten nebenbei.

Sie sollten sich umso mehr Zeit nehmen, wenn Sie auch die vielen Drives und Detours abfahren wollen. Gerade auf diesen abgelegeneren Strecken und Schlaufen werden Sie viele beeindruckende Beobachtungen – so die bereits erwähnten Leoparden – machen. Nehmen Sie sich dafür genügend Zeit. Sie haben Urlaub! Sie haben keine Termine, müssen lediglich bis zum Sonnenuntergang wieder im Restcamp sein. Nehmen Sie auch die Gelegenheit wahr, ungeplant an irgendwelchen Stellen zu verweilen. Oftmals kündigen sich Tierbeobachtungen an. Wenn Sie beispielsweise in der Ferne eine Herde Elefanten auf sich zukommen sehen, halten Sie an und stellen Sie den Motor aus. Warten Sie einfach eine halbe Stunde und beobachten Sie den Weg der Tiere. Lassen Sie die Tiere auf sich zukommen. Wenn Sie ruhig im Wagen sitzen bleiben, droht Ihnen keine Gefahr, wenn die Tiere selbst die Distanz zu Ihnen verkürzen. Andersherum wird es gefährlicher: Sofern Sie sich aktiv nähern, könnte

es sein, dass Sie aus Sicht der Tiere von der sogenannten Flightdistance in die Fightdistance geraten und sich dann unerwünschten Auseinandersetzungen mit den Tieren ausgesetzt sehen. Das heißt nichts anderes, als dass die Tiere zunächst normalerweise einem herannahenden Fahrzeug ausweichen würden. Von sich aus suchen die Tiere – es sei denn sie begegnen ausnahmsweise einem Elefantenbullen in der Mast – keinen Stress. Wenn Sie jedoch so nah an die Tiere heranfahren, dass sie aufgrund kurzer Distanz keine Chance mehr zum Ausweichen sehen, mag es sein, dass sie in den Kampfmodus übergehen. Deshalb ist es geschickter, selber abzuwarten und die Tiere entscheiden zu lassen, ob sie an Sie herankommen wollen oder nicht.

Bei der Beobachtung von Elefanten achten Sie außerdem darauf, dass Sie nicht direkt auf dem Elefantenpfad stehen. Elefanten gehen stets dieselben Wege. Diese Wege werden Sie völlig unproblematisch erkennen, da zuhauf Elefantendung herumliegt. Wenn Sie mit ihrem Wagen direkt auf einem solchen Pfad stehen, mag es sein, dass der Elefant wenig einsichtig ist, keinen Bogen um ihr Fahrzeug macht und es stattdessen vorzieht, ihr Fahrzeug zur Seite zu räumen.

Wenn Sie dann so am Wegesrand stehen und abwarten, ob die Tiere auf Sie zukommen, kann es sein, dass Sie so viel Glück haben, wie ich einst im Etosha-Reservat:

Im Nordosten des Reservats hatte ich mit meiner Familie die Fischers-Pan umrundet. Wir sahen dabei in der Ferne eine Gepardin, die einen Springbock gerissen hatte. Auf dieses Schauspiel waren wir überhaupt erst aufmerksam

geworden, weil in den umstehenden Bäumen und Sträu-
chern Geier und Marabus saßen und abgewartet haben,
ihren Teil der Beute zu bekommen.

Erst nach einiger Zeit merkten wir, dass es neben der
Gepardin Bewegung im Gras gab. Bei genauerem Hinsehen
konnten wir feststellen, dass die Gepardin nicht alleine war
und fraß. Vielmehr führte die Gepardin ein Junges. Zu unserem Bedauern spielte sich das Ganze jedoch in sehr großer
Ferne ab, so dass wir unser Fernglas hin- und her reichen
mussten. Schließlich zog die Gepardin mit ihrem Jungen
hinter einen Hügel von dannen. Wir sahen nur noch die Bewegung des Savannengrases und wähnten dieses Erlebnis
abgeschlossen.

Eine Weile sahen wir dem sich bewegenden Savannengras hinterher und konnten so schließlich die grobe Richtung abschätzen, in die sich die Geparden entfernten. Ein Blick auf die Karte eröffnete uns, dass die Gepardin mit ihrem Jungen, falls sie die Marschrichtung beibehalten würde, in einiger Zeit die Pad, auf der wir entlang fahren mussten, kreuzen würde. So entschlossen wir uns, zunächst einmal circa einen Kilometer weiterzufahren, ohne die Geparden beziehungsweise das sich wiegende Savannengras aus den Augen zu verlieren. Als wir unseren Wagen sodann am Rande der Pad abgestellt hatten und den Motor ausmachten, waren die Tiere sicherlich noch über fünfhundert Meter entfernt.

Tatsächlich näherte sich die Gepardin mit ihrem Jungen, das stets in einiger Entfernung hinter seiner Mutter herlief, unserem Fahrzeug. Schließlich ging das Tier sogar direkt auf unseren Wagen zu! Wir konnten unser Glück nicht fassen!

Die Tiere wechselten dann tatsächlich so dicht vor unserem Fahrzeug über die Pad, dass wir sie unmittelbar vor dem Kühler unseres Wagens nicht mehr sehen konnten. Die beiden tauchten dann rechts vom Wagen wieder auf und legten sich in drei bis vier Meter Entfernung in den Schatten eines Strauchs, um auszuruhen. So konnten wir die Tiere sehr lange genau beobachten und viele schöne Fotos machen.

Derweil haben uns diverse andere Fahrzeuge überholt, ohne die beiden Tiere, die direkt am Rand des Weges lagen, überhaupt zu registrieren! Aus diesem Grunde rate ich nochmals, langsam zu fahren. Empfehlenswert ist es, Wechsel der Tiere bis zum vermuteten Punkt abzuschätzen, an dem sie unter Umständen die Pad kreuzen, dorthin zu fahren und den Motor abzustellen und abzuwarten. Bei derartiger Verhaltensweise dürften die Tiere ihre Restscheu ablegen und es gelingt, ihnen sehr nahe zu kommen.

Wenn Sie in den Reservaten unterwegs sind, achten Sie zudem auf Kanalrohre, die unter der Pad verlaufen, um während der Regenzeit Überschwemmungen zu verhindern. Diese im Durchmesser meist recht großen Rohre geben zum einen Schatten, zum anderen herrschen in ihnen niedrigere Temperaturen, und es ist Restfeuchte vorhanden. Aus diesem Grunde werden diese Rohre gern von Tieren aufgesucht. Wiederholt habe ich hier insbesondere Löwen und Hyänen angetroffen, die sich in diese Kanalrohre zum Ausruhen zurückgezogen hatten.

*Junge Tüpfelhyänen am Kanalrohr*

Dass es sich verbietet, die Pad zu verlassen, um vom Auto aus einen Blick in die Kanalrohre zu werfen, sollte klar sein. Selbstverständlich sollte erst recht sein, dass man aus dem Wagen nicht aussteigen und in das Kanalrohr schauen sollte. Auf diese Weise kann man sehr schnell selbst zur Beute werden.

Über den Blick für die Tiere hinaus, sollte auch Ihr Blick für deren Spuren geschult werden: Anhand von Dung, Losung und Fußspuren (sogenannte Tracks) lässt sich häufig feststellen, was für Tiere in der Gegend sein müssen. Auch insoweit finden Sie zahlreiche Literatur, die weiterhilft und die die Vorfreude auf den Urlaub wachsen lässt. Beschäftigen Sie sich ruhig die Wochen und Monate vor dem Urlaub damit. Im Urlaub selbst zahlt sich Ihre Mühe dann aus. Als Buch dafür sei beispielsweise „Die Tierwelt des südlichen Afrika" von Gottfried Heer genannt.

Auch durch Riechen und Hören können Sie sich wunderbare Tiererlebnisse „erarbeiten":

Gerade in der Zeit des afrikanischen Sommers verbreitet sich der Geruch von verwesenden Tierkadavern über Hunderte von Metern und ist auch für die menschliche Nase wahrzunehmen. Dieser Geruch ist für Sie wahrlich nicht angenehm. Dennoch lohnt es sich, dem Geruch „hinterherzufahren". Gerade an frischen Rissen sind oft viele Tiere anzutreffen. Aber auch wenn der Riss bereits einige Tage alt ist, bleiben Löwen häufig in unmittelbarer Nähe, um von Zeit zu Zeit wieder vom Riss zu fressen. Außerdem werden Sie mit etwas Glück Hyänen am Riss sehen. Abgesehen von diesem Großwild, ist es außerordentlich interessant, zu beobachten, wie Geier und Marabus sich über die Reste hermachen und binnen weniger Tage selbst von großen Tieren wie Giraffen oder Elefanten nichts mehr übrig lassen.

Bei der Gelegenheit:

Sollten Sie einmal eine Antilope, ein Zebra oder deren Überreste in einem Baum hängen sehen, können Sie sicher sein, dass ein Leopard in der Nähe ist. Der Leopard schleppt nach dem Reißen der Beute diese zunächst in einen Baum, um sie vor Fressfeinden – insbesondere Hyänen – in Sicherheit zu bringen und sodann in Ruhe zu fressen.

Über den Gamedrive hinaus sollten Sie die Möglichkeiten im Restcamp auch für einen gesicherten Spaziergang (Gamewalk) nutzen: Machen Sie sich zu Fuß auf, die Gegend zu erkunden, aber bitte nicht während der heißen Mittagssonne. Vielmehr sollten Sie den Abend oder die Nacht nutzen, um an der Auszäunung entlang Ausschau nach Wild zu halten.

Gerade Großwild zieht sehr oft unmittelbar an der Auszäunung entlang zu Wasserlöchern, so dass die Tiere bestens zu beobachten sind.

Sollten Sie einen derartigen Rundgang machen wollen, scheuen Sie sich nicht, die in allen Camps anzutreffenden Ranger und Mitarbeiter im Hinblick auf die Möglichkeiten von Tierbeobachtungen anzusprechen. Alle Einheimischen sind insoweit Experten. Ich habe nie erlebt, dass jemand mit irgendwelchen Informationen hinter dem Berg hält. Im Gegenteil: Die Mitarbeiter waren alle sehr auskunftsfreudig und haben sich mit mir gefreut, wenn ich auf ihren Hinweis hin auf besondere Erlebnisse stieß. Dass allerdings für derart wertvolle Hinweise ein Trinkgeld abfallen sollte, versteht sich von selbst.

Im Zusammenhang mit irgendwelchen Rundgängen innerhalb der Camps muss allerdings erwähnt werden, dass die Zäune der Restcamps zumeist afrikanischen Standard haben: Sie können nicht sicher sein, dass Ihnen die Zäune hundertprozentigen Schutz vor den Tieren bieten. Nicht selten gelangen Tiere auch in die Restcamps, so dass Sie für derartige Exkursionen schon eine gewisse Entspanntheit mitbringen sollten.

Planen Sie diese Exkursionen außerdem bereits tagsüber! Selbst die heiße Mittagszeit, in der Sie ohnehin nicht viel anfangen können, eignet sich dafür, zum Beispiel nach Wegen zu suchen, die Sie in der Dunkelheit einschlagen könnten. Eine derartige Vorbereitung verhindert, dass Sie im Dunkeln durch den Busch stolpern und an irgendwelchem Gestrüpp hängenbleiben oder zu Fall kommen.

Vor zwei Jahren habe ich einen derartigen Rundgang im Namibian Wildlife Resort „Namutoni" im Osten des Etosha-Reservates unternommen. Ich hatte mich seinerzeit gewundert, dass unmittelbar an meinem Zeltplatz diverse Ballen Elefantendung innerhalb des Camps herumlagen. Dass diese Ballen über den Zaun geworfen wurden, war sicher ausgeschlossen. Letztlich machte ich mir jedoch keinerlei Gedanken mehr darüber, wie der Dung auf den Zeltplatz gelangt sein könnte.

Als ich dann nachts in meinem Dachzelt lag, wurde ich gegen 3.00 Uhr morgens von lautem Knacken geweckt. Ich hörte mir dieses Geknacke eine Weile lang an und war mir nicht ganz sicher, ob ich träumte oder aber in der Realität war. Nach einiger Zeit entschloss ich mich, mein Dachzelt zu öffnen und nachzuschauen. Ich sah sodann, dass in etwa

vierzig Meter Entfernung ein Elefant in das Camp gekommen war und gerade einen Baum umlegte. Das Schauspiel führte dazu, dass auch die Angestellten des Camps auf die Situation aufmerksam wurden, Alarm auslösten und den Elefanten wieder aus dem Restcamp vertrieben.

Als ich mich am nächsten Tag wieder auf meinem Fußmarsch am Zaun entlang bewegte, stellte ich fest, dass der Zaun an der nordöstlichen Grenze des Camps auf zig Metern Länge niedergetrampelt war. Nun denn – der namibischen Regierung ist das Problem der schadhaften Auszäunung der Restcamps im Etosha-Reservat hinlänglich bekannt. Sie hat versprochen, die Zäune zu reparieren, „sobald Geld vorhanden ist"! Na denn...!

By the way...
Wenn Sie derartige Fußmärsche unternehmen, sollten Sie unbedingt festes Schuhwerk und gegebenenfalls Gamaschen tragen. Der Bereich unmittelbar an den Zäunen entlang ist oftmals von dichtem Dornengestrüpp bewachsen, so dass Sie achtgeben müssen, dass sich die Dornen nicht durch die Sohle bohren. Joggingschuhe und Flipflops sind ungeeignet! Geeignete Schuhe können Sie vor Ort in Schuhgeschäften, Safari- oder Outdoor-Läden kaufen. Gamaschen sollte man sich für kleines Geld in Deutschland besorgen. Hier ist das Internet ausgesprochen hilfreich, da Gamaschen – abgesehen von Geschäften für Jäger – kaum mehr handelsüblich sind. Gamaschen scheinen einem als Mitteleuropäer höchst überflüssig. In Afrika allerdings werden Sie bei Fußmärschen durch den Busch dankbar für entsprechenden Schutz ihrer Fußgelenke und Waden sein.

# Gefahren und Verhaltensregeln

Oder: „Stehst du auf dem Elefantenpfad, räumt der Elefant dich ab!"

Gefahren lauern im afrikanischen Busch überall. Zuerst denkt man hier an die Gefahren, die durch Tiere drohen. Die Fälle allerdings, in denen Touristen durch wilde Tiere verletzt oder gar getötet werden, sind ausgesprochen selten und in den meisten Fällen auf Fehlverhalten der Touristen zurückzuführen. Alles in allem wird man sagen müssen, dass die

Gefahr, in einem deutschen Wald von Totholz erschlagen zu werden, ebenso groß ist wie die, in Afrika durch ein Wildtier zu Schaden zu kommen – vorausgesetzt man verhält sich einigermaßen vernünftig.

Die Gefahren, die in Afrika in diesem Zusammenhang heraufbeschworen werden, haben in den meisten Fällen Routine und Leichtsinn als Ursache.

Wenn jüngst in Botswana eine Touristin von einem Leoparden in ihrem Bodenzelt angefallen und schwer verletzt worden ist, mag dies zunächst Anlass sein, darüber nachzudenken, ob in Gebieten, in denen Katzen leben, im Bodenzelt übernachtet wird oder stattdessen ein Dachzelt auf einem Geländewagen vorzuziehen ist. Dass dem Erstreisenden hier zweifelsohne das Dachzelt zu empfehlen ist, bedarf keiner weiteren Darlegung. Doch zurück zum Vorfall in Botswana:

Der Vorfall erscheint in einem völlig anderen Licht, wenn man weiß, dass der entsprechende Leopard von der Touristin und ihrem Ehemann bereits tagsüber direkt am Zelt beobachtet und vielfach fotografiert worden war. Wenn man sich die von dem Ehepaar geschossenen Fotos ansieht, kommt man zwingend zum Schluss, dass es sich bei dem Leoparden nicht um ein normales Tier gehandelt hat. Der Leopard hat sich offenbar ohne Scheu aus nächster Nähe unmittelbar am Zelt der Leute ablichten lassen. Er hat sich tagsüber sogar direkt auf eine vor dem Bodenzelt des Ehepaares liegende Fußmatte zum Ruhen gelegt. All diese Dinge legen den Schluss nahe, dass es sich gegebenenfalls um ein von Hand aufgezogenes und sodann ausgesetztes Tier handelte, das keine Scheu vor Menschen hatte. Auch abends trieb sich das Tier nach wie vor in unmittelbarer Nähe des Camps der Eheleute herum. Als diese sich schlafen legen wollten, fuhren sie zunächst mit dem Fahrzeug rund um den zum Campen ausgesuchten Platz, um den Leoparden zu vertreiben. Dies gelang – wie das spätere Geschehen zeigt – offenbar nicht.

In Anbetracht eines derartig ungewöhnlichen Verhaltens wäre die einzig richtige Konsequenz gewesen, sich einen anderen Platz zum Campen zu suchen. Im Übrigen sollte auf nicht gesicherten Campsites nachts regelmäßig ein größeres Feuer gemacht werden, durch das sich Katzen und Hyänen zumeist auf Distanz halten lassen. Dieses Feuer muss allerdings bis in den Morgen hinein brennen. Zudem sollten zwei Reisende das Feuer bewachen. Die Zelte sind zu schließen! In Zweifelsfällen ist aus Sicherheitsgründen im Wagen zu schlafen! Allein diese Umstände sollten für den Erstreisenden

Anlass sein, derartige Experimente zu unterlassen. Alternativ kann empfohlen werden, in solchen Situationen auf die Dienste entsprechend geschulter Einheimischer zurückzugreifen und mit ihnen derartige Touren zu unternehmen.

Das Geschehen in Botswana, aber auch ähnliche Vorfälle in Namibia und Südafrika zeigen, dass für den Afrika-Anfänger der Besuch gesicherter Campingmöglichkeiten vorzuziehen ist. Auch sollten Fußmärsche durch den Busch – insbesondere allein – erst dann unternommen werden, wenn eine gewisse Afrka-Erfahrung mitgebracht wird. So zahlt es sich aus, wenn man durch einige Urlaube im südlichen Afrika ein Gespür dafür bekommen hat, wie die Tiere sich verhalten, wie sie reagieren und wann wirklich Gefahr droht.

Die oberste Regel ist, die Tiere nicht zu beunruhigen. Fühlen Sie sich stattdessen selbst als stiller Beobachter eines natürlichen Geschehens und rücken sie den Tieren nicht zu dicht auf die Pelle! Insoweit gilt das bereits an anderer Stelle geschilderte Verhalten: Motor ausstellen und abwarten. Wenn die Tiere sich Ihnen nähern, ist es deren Wille und sie werden sich in der Regel ruhig verhalten. Problematisch wird es dann, wenn Sie selbst es sind, der ihnen zu nahe kommt:

*„Immer locker bleiben!"*

In der Ranger-Ausbildung unterscheidet man bei den meisten Großwildarten zwischen der sogenannten Flight-Distance und der Fight-Distance. Diese Begriffe erklären sich fast von allein:
Die meisten Tiere werden eine stille Beobachtung durch Sie aus angemessener Entfernung dulden. Sobald Sie ihnen zu nahe kommen, werden sie sich selbst zunächst zurückziehen. Sie befinden sich dann in der besagten

*Sie befinden sich in der Fight-Distance!*

„Flight-Distance". Das Tier weicht zurück, um wieder eine angemessene Entfernung zu Ihnen herzustellen. Sie könnten den Tieren zwar weiter nachsetzen, laufen dann allerdings Gefahr, dass Sie das Tier herausfordern und in die „Fight-Distance" geraten, so dass es den Kampf mit Ihnen aufnimmt. Das allerdings würde bedeuten, dass im Zweifel nicht nur der Urlaub vorzeitig für Sie endet. Denn jedes Tier im südlichen Afrika ist schneller als Sie. Das gilt auch für die vermeintlich schwerfälligen Flusspferde, für Krokodile, Elefanten und selbstredend für alle Großkatzen. Aber auch Schlangen – erst recht, wenn sie Ihnen unbekannt sind – sollten Sie lediglich aus der Ferne beobachten und sie keinesfalls zu fangen versuchen. Werden Sie im Busch von einer schwarzen Mamba, Puffotter oder ähnlichem Getier gebissen, werden Sie das nächste Hospital, das Gegenmittel zur Verfügung hat, so schnell kaum erreichen.

All die oben aufgezeigten Gefahren – nochmals: sie realisieren sich ausgesprochen selten – sollten Sie jedoch nicht

davon abhalten, Gamedrives zu unternehmen. Auch Fußmärsche sind für den Erstreisenden kein Hexenwerk. Sofern Sie sich jedoch zu Wanderungen durch den Busch
aufmachen wollen, sollten Sie einen ortskundigen Guide
engagieren, es sei denn, Sie unternehmen die Wanderung
innerhalb eines gesicherten Camps am Zaun entlang. Erfahrene Guides sind im südlichen Afrika für relativ kleines
Geld zu haben. Und für dieses Geld haben Sie nicht nur
einen Guide an sich, sondern Sie haben auch jemanden,
von dem Sie viel lernen können. Die Guides sind nach
den von mir gemachten Erfahrungen ausgesprochen aus-
kunftsbereit und stolz darauf, ihr Wissen an interessierte
Touristen weitergeben zu können.

Vor den Fußmärschen durch den Busch sollten einige
Gamedrives stehen, damit Sie zumindest etwas Gefühl
für den Busch entwickeln. Berücksichtigen Sie darüber
hinaus, dass sie aus dem Wagen heraus zumeist bessere
Sicht haben als zu Fuß. Auch aus diesem Grunde empfiehlt sich zunächst die Tour mit dem Auto.

In den Reservaten ist zumeist oberste Verhaltensre-
gel, dass das Fahrzeug nicht verlassen werden darf.
Gamewalks kommen mithin innerhalb der wildreichen
Reservate in der Regel nicht in Betracht. Diese Vorschrift
hat ihren Sinn. Für die Tiere sind Sie – solange sie im
Wagen sitzen – Teil des Fahrzeuges. Die Tiere wissen,
dass von den Autos keine Gefahr droht und lassen sie
dementsprechend in Ruhe. Anders verhält es sich,
wenn Sie ausgestiegen sind. Glauben Sie nicht, dass Sie
sämtliche Tiere, die rechts und links der Pad stehen oder

liegen, sehen. Großkatzen sind mit dem bloßen Auge oftmals auch aus nächster Entfernung nur schwer auszumachen. Selbst so riesige Tiere wie Elefanten verschwinden nach einigen Schritten im Busch wie im Nichts. Allerdings kommen die Tiere auch aus dem Nichts. Sie bewegen sich lautlos. Sofern Sie aussteigen, gilt das, was Bahee, der Reiseführer aus dem Roman „Hummeldumm" von Tommy Jaud völlig richtig zu Mitgliedern seiner Reisegruppe sagt und ich bereits oben zitiert hatte: „Im Auto bist du Tourist. Steigst du aus dem Auto aus, bist du Futter."

Das Aussteigen aus den Fahrzeugen ist in den Reservaten nur in besonders ausgezäunten Bereichen – den Restcamps – gestattet. Darüber hinaus gibt es im Etosha-Reservat gesicherte Bereiche, in denen man Toiletten findet. Diese Bereiche sind in den Karten der Reservate eingezeichnet. Auch beim Einfahren in die ausgezäunten Anlagen gilt es jedoch, wachsam zu sein:

Als wir vor zwei Jahren mit unserer kleinen Reisegruppe unterwegs waren, sind wir im Etosha-Reservat in eine Toiletten- und Rastanlage eingefahren. Dazu war ein großes Zauntor zu öffnen und nach dem Einfahren wieder zu schließen. Wir machten unsere Rast, aßen, tranken und nutzten die Toiletten des Typs „African Standard".

Als wir aus der Anlage ausfuhren, schloss Fred – einer unserer Mitreisenden – hinter dem Wagen das Tor. Erst in diesem Moment sahen wir, dass rund um die Toilettenanlage direkt am Zaun sieben Löwen lagen, die wir tatsächlich erst nach genauem Hinsehen entdeckt hatten.

Nun gut – die Frage „Wo ist Fred?" hatte sich erledigt, da die Löwen ruhig geblieben waren. Fred stieg wieder zu uns in den Wagen, war aber, nachdem er realisierte, in welcher Situation er sich befunden hatte, durchaus „beeindruckt".

Sofern Sie im Bereich von Flüssen oder aber im Okavango-Delta in Botswana zelten, sollten Sie – sofern Sie nicht auf Campsites in gesicherten Bereichen rasten – darauf achten, ob im Bereich des Flussufers Ausstiege von Flusspferden zu sehen sind. Diese Ausstiege werden Sie leicht an heruntergetretenem Schilf und herabgebrochenen Uferbereichen erkennen. Von derartigen Ausstiegen sollten Sie sich unbedingt fernhalten. Mit Flusspferden ist nicht zu spaßen! Insoweit empfiehlt es sich für den Erstreisenden, auch im Bereich der Flüsse gesicherte Campsites aufzusuchen. Dies gilt umso mehr, als auch Gefahren durch Krokodile drohen. Krokodile liegen zwar oftmals regungslos und scheinbar träge am Flussufer oder im Wasser. Lassen Sie sich davon jedoch nicht täuschen: In Sekundenbruchteilen haben

diese Tiere erhebliche Strecken zurückgelegt und unter Umständen aus dem Ruhemodus heraus auf Angriff geschaltet. Aus diesem Grunde sollten Sie Flussufer in ungesicherten Bereichen sowie Schilf- und Sumpfgebiete lediglich mit erfahrenen einheimischen Guides aufsuchen,

die die Gefahr mit entsprechend geschultem Auge ausmachen. Dass sich das Baden, aber auch das Durchspülen von Wäsche in derartigen Gewässern verbietet, versteht sich von selbst.

Hinsichtlich des Campens sollten Sie als Erstreisender also gesicherte Bereiche anfahren. Die vielen Restcamps, die Sie gut über die Internetportale „wheretostay.na" und „wheretostay.co.za" ausfindig machen können, bieten die Gewähr, ruhig schlafen zu können. Auch an den Straßen ausgeschilderte Gästefarmen und Lodges können durchweg angefahren werden. Auch diese Unterkünfte finden Sie über die vorerwähnten Internetportale. Allerdings ist die Übernachtung, insbesondere auf den Lodges, oftmals recht teuer und Sie befinden sich auf der Lodge nicht mehr so nah an der Natur.

Egal wo Sie übernachten – Geld und andere wertvolle Dinge wie Fotoausrüstung, Laptopp etc. sollten Sie unbedingt im Wagen einschließen. Die Aufbauten der Pick-ups sind so strukturiert, dass ein Aufbrechen bemerkt werden würde. Nehmen Sie jedoch ihre wichtigste Habe mit ins Dachzelt, und legen Sie Geld zur Sicherheit unters Kopfkissen, so ist es vor Diebstahl **nicht** geschützt. Ein Aufschneiden und Hineinlangen ins Dachzelt werden Sie im Schlaf nicht mitbekommen.

Ich will Ihnen auf keinen Fall Angst machen. Jedoch hat das Ausplündern von mit einem Dachzelt campierenden Touristen besonders im Nordosten von Namibia in den vergangenen Jahren zugenommen.

# Wasser und Hygiene

Hinsichtlich der hygienischen Verhältnisse werden Sie im südlichen Afrika erhebliche Abstriche machen müssen. Dies gilt zum einen bezüglich der grundsätzlichen Verfügbarkeit von Wasser, zum anderen hinsichtlich der Frage, welche Qualität dieses Wasser hat.

Eine generelle Aussage lässt sich für das südliche Afrika insgesamt nicht treffen. Die Verhältnisse sind sehr unterschiedlich, je nachdem wo Sie sich gerade befinden.

Trotz Wasserknappheit und Dürre dürfen Sie davon ausgehen, dass die Lodges Ihnen hinreichend Wasser für die Körperpflege zur Verfügung stellen. Zumeist sind für die Touristen selbst bei größter Wassernot auch die Pools zum Baden gefüllt – ein eigentlich sehr fragwürdiger Service.

Wenn Sie dagegen in Trockengebieten campieren, werden Sie sich darauf einstellen müssen, dass Sie zuvor ihren 25-Liter-Trinkwasser-Kanister füllen und damit entsprechend haushalten. Der Inhalt dieses Kanisters muss im Zweifel für die Fahrzeugbesatzung über Tage ausreichen, so dass das Duschvergnügen eingeschränkt ist. Aber das macht nichts. Zu keinem Zeitpunkt hatte ich jemals mit meinen Mitreisenden Wassernot zu beklagen. Und wenn das Wasser einmal knapp wird, gilt es, Prioritäten zu setzen: Im Zweifel wird die abendliche Wäsche zur Katzenwäsche, damit für den nächsten und übernächsten Tag Trinkwasser zur Verfügung steht. Es ist gar nicht schlecht, als Mitteleuropäer vor Augen geführt zu bekommen, dass das bei uns scheinbar grenzenlos zu bekommende Trinkwasser ein wertvolles Gut ist. Im Übrigen können Sie in ihr Reisegepäck ein paar Erfrischungstücher legen. Diese Tücher spielen gewichtsmäßig keine Rolle. Ihre Bedeutung kann aber – wenn das Waschen einmal ausfallen muss – beachtlich sein.

Zum Trinkwasser sei Folgendes gesagt:

Sie müssen hinsichtlich der Qualität des Trinkwassers darauf achten, wo sie das Wasser abfüllen. Auf den Lodges und Gästefarmen ist das Wasser in der Regel in Ordnung. Vorsichtshalber sollten Sie die Betreiber fragen, ob Sie mit dem

Wasser Ihren Trinkwasserkanister auffüllen können. Dies dürfte zu 99 Prozent der Fall sein.

Aus den Flüssen des südlichen Afrikas sollten Sie Trinkwasser nicht abfüllen. Wenn dies einmal aus der Not heraus erforderlich sein sollte, müssen Sie das Wasser, bevor Sie es trinken, in jedem Falle abkochen. Zudem gilt das oben Gesagte: Seien Sie vorsichtig beim Wasserschöpfen, ansonsten kann es Ihnen passieren, dass Sie ein Krokodil mit im Kanister haben.

Über das Trinkwasser im Wasserkanister hinaus sollten Sie auch in der Kühlung stets ein bis zwei 5-Liter-Wasserflaschen mitführen, die Sie nachfüllen können. Im Übrigen hat es sich bewährt, das Wasser für sich und die Mitreisenden in kleine Plastikflaschen abzufüllen und diese Flaschen nach vorn in den Wagen zu nehmen, damit dort nicht mit den 5-Liter-Behältern hantiert werden muss.

Auch wenn Sie sich aufmachen, den Busch zu Fuß zu erkunden, müssen Sie unbedingt darauf achten, Wasser dabeizuhaben. Sofern Sie den Dienst eines Guides in Anspruch nehmen, wird dieser ohnehin darauf achten. Sofern Sie jedoch allein losmarschieren, sind Sie auf sich selbst gestellt und dürfen nicht vergessen, Wasser und Kopfbedeckung mitzunehmen.

# Allgemeine Tipps für unterwegs

## Deutschtum in Namibia/Rassismus

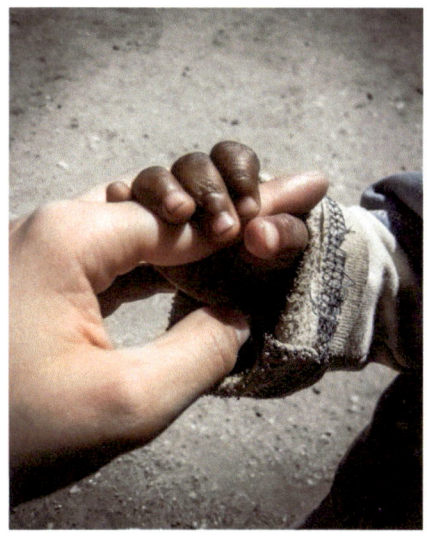

Namibia ist heute lange nicht mehr „so deutsch" wie es vor fünfundzwanzig Jahren oder gar in der Zeit davor gewesen sein mag.

Von den heute rund 2,5 Millionen Einwohnern sind rund 20 000 – also nur ein recht kleiner prozentualer Anteil – deutschen Ursprungs. Jedoch betreibt gerade die deutsch-stämmige Bevölkerung attraktive Farmen und Kaufhäuser.

Wirtschaftlich gesehen ist der weiße Bevölkerungsanteil besonders mächtig.

Darüber hinaus pflegt die deutschstämmige Bevölkerung nach wie vor ihre deutsche Tradition, feiert Karneval, Ernte- und Oktoberfest und anderes mehr. Indes werden diese Veranstaltungen heute natürlich auch teils von der schwarzen Bevölkerung mit wahrgenommen.

Namibia ist dabei, die Spuren der deutschen Kolonialzeit hinter sich zu lassen. So findet man Bismarck-, Bach- und Wagner-Straßen zwischenzeitlich wesentlich seltener als zu früheren Zeiten. Aber das ist ja auch völlig in Ordnung – jedes Land muss seine eigene Identität selbst finden.

Rassismus gibt es in Namibia. Gleiches gilt jedoch auch für Südafrika, Botswana, Sambia und Zimbabwe.

Insbesondere in Namibia und Südafrika ist das Wohlstandsgefälle zwischen Schwarz und Weiß – sicher als Folge der Kolonial- und anschließenden Zeit der Apartheid – sehr groß. In der Regel lebt die weiße Bevölkerung in guten und reichen Wohnvierteln und bleibt unter sich. Die schwarze Bevölkerung versucht dagegen, ihre durch die Zeit der Apartheid erfahrene Benachteiligung wettzumachen und mit dem Wohlstand der Weißen allmählich gleichzuziehen. Dies manches Mal auch mit zweifelhaften, nicht zuletzt politischen Aktivitäten. Doch das alles sollte niemanden von einem Urlaub dort abhalten. Die Probleme sind nicht so gegenwärtig, dass sie mit ihnen unentwegt in Berührung kommen und Ihnen die Lust auf das schöne Land nehmen müssten.

## Die Jagd im südlichen Afrika

Ich hatte in Deutschland ein sehr problematisches Verhältnis zur Jagd. Fakt ist jedoch, dass die Jagd für das südliche Afrika ein gewaltiger Wirtschaftsfaktor ist. Das ändert nichts daran, dass es meines Erachtens für die Trophäenjagd keine Rechtfertigung gibt.

Während Botswana die sogenannte Trophäenjagd generell verboten hat, wird sie in Südafrika, Namibia, Simbabwe und Sambia nach wie vor ausgeübt. Das muss man sicher sehr kritisch betrachten, man sollte allerdings nicht übersehen, dass gerade die Jagd viele Arbeitsplätze für die einheimische Bevölkerung schafft. Zudem profitieren gerade die Einheimischen insofern von der Jagd, als sie das Fleisch der geschossenen Tiere für sich verwenden dürfen. Auch die Staaten selbst profitieren über die Abschüsse vom Jagdtourismus. Gerade in Namibia ist ein Großteil der Kommunen nur durch die Einnahmen aus der Jagd überhaupt überlebensfähig.

Letztlich bemühen sich die südafrikanischen Staaten darum, die Jagd zu kontrollieren. Sie wissen, dass sie die Jagd als Einnahmequelle brauchen. Aus diesem Grunde werden zuverlässige Bestandserhebungen bezüglich bedrohter Tierarten durchgeführt. Diese bilden dann die Grundlage eventueller Abschussquoten.

Wie dem auch sei – ich denke, dass es uns als denjenigen, die sich über die Rückkehr des Wolfes aufregen, kaum zusteht, den sehr wildreichen südafrikanischen Staaten vorzuschreiben, wie sie mit ihrem Tierbestand umzugehen haben.

Fakt ist, dass trotz ausgeübter Jagd der Bestand von Großkatzen gerade in Namibia, Botswana und Südafrika so dicht ist wie in keinem anderen Land. Ungeachtet dessen kann ich für die Jagd auf diese Tiere kein Verständnis aufbringen.

Darüber hinaus dient die Jagd auch heute noch in erster Linie der Ernährung. Tatsache ist, dass von einem in den südafrikanischen Ländern erlegten Tier nichts, aber auch gar nichts übrig bleibt. Alles findet seine Verwendung, so dass wir aus einer Position mitteleuropäischer Überheblichkeit heraus das Verhalten der Afrikaner nur bedingt kritisieren sollten. Eigentlich hätten wir, soweit es den Umgang mit Tieren angeht, zunächst vor der eigenen Haustür zu kehren und uns beispielsweise mit dem Tierwohl im Rahmen der Massentierhaltung bei uns auseinanderzusetzen.

## Werber für soziale Projekte

Wenn Sie in den südafrikanischen Ländern einkaufen gehen, Städte ansehen oder anderes mehr, kann es Ihnen passieren, dass Sie um eine Unterschrift und Spende für irgendwelche sozialen Projekte gebeten werden. Oft wird erzählt, dass man einen Sportplatz, eine Sporthalle, ein Freizeitheim oder Ähnliches errichten wolle, um schwarzen Waisenkindern zu helfen. Dazu wird ihre Unterschrift als Unterstützer erbeten und – natürlich – eine Spende.

Reagieren Sie auf derartige Bitten nicht. Reagieren Sie höflich, aber sehr bestimmt und weisen Sie das Ansinnen zurück. Sie dürfen davon ausgehen, dass hinter diesen Aktionen keine wirkliche Initiative steckt. Es geht schlicht darum, von Ihnen Geld zu bekommen.

## Gästefarmen

Gästefarmen sind insbesondere in Namibia sehr verbreitet. Ursprünglich waren sie für die Farmer Gelegenheit, nebenbei durch das Beherbergen von Touristen sich eine zusätzliche Einnahmequelle zu verschaffen. Heute ist das Verhältnis oft umgekehrt – die Farmer betreiben in erster Linie ihre Gästefarm, die Landwirtschaft ist lediglich noch Zubrot.

Die Qualität der Gästefarmen ist dabei sehr verschieden. Teils wird Ihnen echter Luxus geboten, teils müssen Sie mit sehr bescheidenen Verhältnissen klarkommen. Jedenfalls aber wird Ihnen Familienanschluss und echte Gastfreundschaft geboten. Es ist – wie an anderer Stelle des Buches bereits erwähnt – üblich, die Mahlzeiten mit der Farmersfamilie einzunehmen. In der Regel gibt es keine Essensauswahl nach Karte.

Allerdings ist das, was Ihnen zu den Mahlzeiten geboten wird, derart vielfältig und umfangreich, dass Sie immer etwas für Sie Schmackhaftes finden werden. Auch die Übernachtungsmöglichkeiten sind durchweg in Ordnung. Außerdem können Sie oft auf dem Farmgelände auch in ihrem Dachzelt übernachten. Dementsprechend können Sie Gästefarmen mit gutem Gewissen anfahren.

Konsequente Vegetarier und Veganer sollten allerdings mit ihrer Ernährungsweise nicht hinter dem Berg halten und sogleich fragen, ob ihre Ernährungsgewohnheiten berücksichtigt werden können.

Dass Sie sich zu den Mahlzeiten passabel zu kleiden haben, habe ich bereits an anderer Stelle erwähnt. Die Farmersfamilie wird stets – nach getaner Arbeit – gewaschen und gut gekleidet zum Essen erscheinen.

## Braaien

Im gesamten südlichen Afrika wird viel gegrillt. In Namibia kann jedoch mit dem „Braaien" von einer Grillkultur gesprochen werden.

Spätestens am Wochenende wird Kameldornholz angefeuert und niedergebrannt. Über der lang glühenden Kohle dieses harten Holzes wird sodann ein Grillrost gestellt und jede Art von Fleisch und Wurst gebraten. Dies wird allerdings erst gegessen, wenn sämtliches Fleisch fertiggebraten ist.

Es ist im Übrigen eine absolute Unhöflichkeit, dem „Braaimaster" hereinzureden. Mithin gilt, dass Sie das, was Ihnen als fertig gegrilltes Fleisch präsentiert wird, essen sollten. Es verbietet sich, sich zu beschweren, dass das Fleisch noch nicht ganz durch oder aber zu scharf gegrillt sei, dass anders gewürzt werden könne oder aber – Todsünde – dass man selbst das Grillen übernehmen wolle.

## Telefon und W-Lan

In Namibia und Südafrika können Sie, sofern Sie sich eine Sim-Karte kaufen, über Ihr Handy nach Europa telefonieren . Allerdings haben Sie nicht überall ein stabiles Netz. Sie müssen sich schon darauf einstellen, dass Sie gegebenenfalls einmal einige Tage ohne Kontakt nach Hause auskommen müssen.

Auch das Internet ist nicht überall verlässlich. Je weiter Sie sich von den großen und größeren Städten entfernen, je weiter Sie in der Abgeschiedenheit sind, desto eher müssen Sie damit rechnen, kein Netz zu haben.

In Botswana sollten Sie grundsätzlich davon ausgehen, dass in den Camps kein Telefon und kein WLAN vorhanden ist. Verhält es sich einmal anders, sollten Sie sich über die Möglichkeit, Kontakt mit der Heimat aufzunehmen, freuen. Telefon und WLAN sind in den Camps jedoch die Ausnahme.

## Der Payday

In Namibia werden die Löhne zum Monatsende gezahlt. Dieser Umstand führt zu einem wahren Run auf die Geldautomaten. Der letzte Tag des Monats ist „Payday". Das Geld wird sofort abgehoben, so dass die Geldautomaten oftmals schnell leer sind. Deshalb sollten Sie darauf achten, nicht gerade am Monatsletzten Geld abheben zu müssen.

## HIV und Aids

Bevor Sie sich im südlichen Afrika auf Abenteuer mit dem anderen Geschlecht einlassen, sollten Sie wissen, dass die Aidsrate in Namibia 13,3 und in Botswana 24,8 Prozent beträgt. Über Südafrika gibt es keine verlässlichen Zahlen, da der vormalige Präsident Zuma bekanntlich der Auffassung war, dass sich das HIV-Virus abduschen lasse.

*Gepardenbesenderung*

# Kleine Essenskunde

Grundsätzlich dürfen Sie im südlichen Afrika davon ausgehen, sich völlig unproblematisch ernähren zu können. Besonderheiten, die ein erhöhtes Risiko bergen würden, zu Durchfallerkrankungen zu führen, sind mir nicht bekannt. Im Gegenteil – durch die Kolonialzeit werden Sie im südlichen Afrika oftmals noch europäische Küche wählen können, sofern Sie essen gehen. Auch bei Besuch der Gästefarmen werden regelmäßig Mahlzeiten gereicht, die den europäischen Mahlzeiten sehr ähneln. Dementsprechend unproblematisch stellt sich die Essenssituation im südlichen Afrika dar.

Dass es einige Spezialitäten gibt, habe ich bereits erwähnt: So ist in Namibia das bereits erwähnte „Braaien" Kult. Alle Arten von Fleisch werden auf das Grillrost gebracht. Ich kann nur empfehlen, die Gelegenheit zu nutzen, im südlichen Afrika die durchweg sehr schmackhaften Wildarten zu probieren. Ohne Kudu, Oryx, Gnu, Warzenschwein und Springbock probiert zu haben, sollte niemand nach Hause fliegen. Dies gilt umso mehr, als der Konsum in Afrika heimischer Wildtierarten wesentlich umweltverträglicher ist als der von Schweine- oder Rindfleisch. Gerade für die Zucht von Rindern werden im südlichen Afrika enorme Ressourcen verschwendet. Der Energieeinsatz für ein Rindersteak macht ein Vielfaches dessen aus, was für ein Kudu- oder Oryxsteak erforderlich ist.

Sie sollten sich aber auch nicht scheuen, Ihnen exotisch vorkommende Essensgewohnheiten kennenzulernen. Die sogenannte „Boerewors" vom Grill ist eine namibische Spezialität, die Sie ebenfalls unbedingt probieren sollten. Von Art und Geschmack her ähnelt diese Wurst, die in Form einer Schnecke verkauft wird, den Nürnberger Bratwürsten.

Aber auch Straußenfleisch, Steppenzebrafleisch und Waran sind Spezialitäten, die ausgesprochen wohlschmeckend sind und durchaus probiert werden dürfen.

Während der langen Fahrten, die Sie zu absolvieren haben, eignet sich das im südlichen Afrika übliche „Biltong" zum Kauen. Dabei handelt sich um getrocknetes Fleisch aller möglichen Tierarten, das es in Streifen geschnitten oder aber geschnetzelt („sliced") zu kaufen gibt. Dabei sind die Fleischwaren naturgemäß im Geschmack unterschiedlich. Zudem gibt es verschiedene Gewürzmischungen, die das Biltong zu einem leckeren Snack zwischendurch machen. Hier müssen Sie sich durchfuttern, um ihren Favorit zu finden.

Als Spezialität für Botswana können die Mopane-Raupen gelten. Sie sind – ebenso wie Biltong – bestens geeignet, an langen Abenden am Feuer geknabbert zu werden.

Im südlichen Afrika liegt der Schwerpunkt der Ernährung zweifellos auf Fleisch. So sie Vegetarier oder Veganer sind, sollten Sie sich rechtzeitig erkundigen, ob man Ihren Essenswünschen nachkommen kann.

Während Sie mit ihrem Auto auf Tour sind, können Sie in

den Supermärkten jeder größeren Stadt einkaufen und ihre Vorräte auffrischen. Letztlich gibt es in den Supermärkten in Afrika all die Dinge, die es auch in Europa gibt. Von Obst und Gemüse über Fleisch und Käse hin zu Keksen, Marmeladen, Müsli aller Sorten, Kaffee, Tee und anderem mehr. Auch Joghurt, Quark und Fisch stehen im südlichen Afrika auf dem Speisezettel und sind unproblematisch zu kaufen.

Sie werden in ihrem Mietwagen eine Kühlbox haben. In dieser Kühlbox können Sie die Lebensmittel gut einige Tage aufbewahren. Allerdings müssen Sie daran denken, dass die Kühlbox nur während des Betriebs des Wagens läuft, damit die Batterie des Fahrzeuges nicht „in die Knie geht".

An Getränken muss – um den Wasserverlust durch die heißen Tage auszugleichen – stets genügend Wasser an Bord sein. Das mag sich wie eine Binsenweisheit anhören, jedoch wird an das Mitführen von genügend Trinkwasser oft genug in der Routine des Touralltags nicht gedacht. Ich selbst habe bei einer Tour, die sich ungeplant auf den ganzen Tag erstreckt hatte, nachmittags ohne Wasser auskommen müssen. Ich war damit befasst, beim Besendern von Geparden zu helfen, als wir die Nachricht erhielten, auch noch eine in 85 Kilometern Entfernung gefangene Braune Hyäne zu besendern. Dieser Umstand verlängerte unseren Aufenthalt im Busch um einen halben Tag. Diesen halben Tag habe ich ohne Wasser verbracht und dabei bemerkt, wie quälend ein derartiger Zustand ist. Indes führt ein derartiges Erlebnis dazu, dass einem derartige Nachlässigkeiten nicht nochmals passieren.
Aber sicherlich sollten Sie zu einem „Sundowner" – dem Genießen des wunderbaren südafrikanischen Sonnenunter-

gangs – nicht nur Wasser trinken. Egal ob Windhoek- oder Tafel-Lager – die Biere des südlichen Afrika sind sämtlich empfehlenswert. Aber auch Savanna Dry – eine Art Cidre – , Gin-Tonic, Appletiser und Grapetiser sind Getränke, die Sie probiert haben sollten.

# Einfachste Rezepte für den Notfall

Für das schnelle Frühstück:

Müsli, Obst und Oumas mit Kaffee oder Tee


Als Hauptgericht:

Starter:
Biltong mit Melone

Schneiden Sie aus einer Honigmelone schmale Scheiben Fruchtfleisch heraus. Hierauf legen Sie ebenso dünn geschnittene oder bereits geslicte Stücke Biltong. Dazu essen Sie in einer Pfanne oder auf dem Grill geröstetes Weißbrot mit Butter.


Zum Grillen:
Boerewors und Wildfleisch

Kaufen Sie in einem Markt oder beim Schlachter das Fleisch zum Grillen. Je nach Appetit und Essgewohnheit sollten 250–300 g pro Person ausreichend sein.

Nachdem Sie das Holzfeuer haben herunterbrennen lassen, legen Sie das Grillgut auf das Rost. Dabei würze ich gern mit südafrikanischen Gewürzen – insbesondere dem „Chakalaka". Jedenfalls die Boerewors wird nach cirka acht Minuten fertig sein. Das Fleisch wird je nach Dicke gegebenenfalls etwas länger benötigen.

Gemüse:
Gemüseeintopf

Kaufen Sie circa 800 g Karotten, Lauch, Erbsen und Bohnen. Die Kombination des Gemüses ist relativ beliebig. Allerdings sollten Kartoffeln zum Binden der Brühe dabei sein. Das Gemüse schneiden Sie klein und geben es in einen Topf. Dazu geben Sie einen Liter Geflügelbrühe, die Sie einfach durch Auflösen eines Brühwürfels anrühren können. Das Ganze lassen Sie über dem Feuer so lange kochen, bis das Gemüse etwas weich geworden ist. Der Eintopf sollte für drei bis vier Personen reichen.

Als Notration sollten Sie außerdem stets zwei bis drei Gemüsekonserven an Bord Ihres Wagens haben. So haben Sie jederzeit Gelegenheit, diese Konserven in der Dose über dem Feuer heiß zu machen.

Salate:
Gurkensalat

Schälen Sie eine Gemüsegurke und schneiden Sie sie in feine Scheiben. Dazu geben Sie eine halbe fein gehackte Zwiebel sowie Kräuter, die Sie in jedem Supermarkt und auf jedem Markt kaufen können. Das Ganze runden Sie mit einem Olivenöl-Balsamicoessig-Dressing ab. Etwas Zugabe von Salz, Pfeffer und Zucker sollte Ihnen den Salat schmecken lassen. Dazu Brot, mit Butter bestrichen.

Nachtisch:

Sofern zum Essen angefeuert worden ist, ist es vielfach Tradition, Marshmallows am Stock über dem Feuer zu grillen. Wenn der „Mausespeck" weich geworden ist, können Sie diesen zwischen zwei Keksen abstreichen und sich dann schmecken lassen.

Für gesundheitsbewusste Urlauber sollte in der Kühlung selbstverständlich stets etwas Obst vorhanden sein. Marshmallows sind nicht jedermanns Sache!

Wer im übrigen Spaß am Kochen und an der südafrikanischen Küche findet, sei auf die Kochbücher von Evert Kornmayer „Klassische und moderne Rezepte aus Südafrika/Namibia" verwiesen.

# Das Afrika-Virus

Wenn Sie sich erstmals ins südliche Afrika begeben, begeben Sie sich in große Gefahr – nämlich vom Afrika-Virus angesteckt zu werden:

Africa smiled a little, when you left: „We know you", Africa said. „We've seen and watched you. We can learn to live without you, but we know, we needn't yet. We are always with you, there inside your head. Our rivers run in currents in the swirl of your thumbprints; our drumbeats counting out your pulse; our coastline the silhouette of your soul." So Africa smiled a little, when you left. „We are in you", Africa said. „You have not left us yet."

Poem by Bridget Dore

Letztlich gibt es nur zwei Typen von Erstreisenden: Diejenigen, die nie wiederkommen, und diejenigen, die nicht schnell genug wiederkommen können. Dabei ist die letztere Gruppe sicherlich die zahlenmäßig weitaus stärkere.

Das südliche Afrika bietet einen krassen Gegensatz zum Lebensstil, den wir in Mitteleuropa gewohnt sind. Abgesehen von der Weite und scheinbaren Unendlichkeit der Länder und der im Verhältnis zu Deutschland sehr geringen Bevölkerungsdichte des südlichen Afrikas, macht gerade die teils mangelnde Organisiertheit und die fehlende Perfektion den Reiz der Länder aus. Ganz abgesehen natürlich von der landschaftlichen Schönheit und der beeindruckenden Tierwelt.

Wenn Sie in Afrika sind, werden Sie sich zwangsläufig Fragen der Art stellen, aus welchem Grunde Sie eigentlich im kommenden Herbst das Wohnzimmer schon wieder streichen wollen, warum der Feuchtigkeitsschaden im Kellerraum behoben werden muss oder aber ob Sie ihren Vorgarten tatsächlich stets bis zur Perfektion im Griff haben müssen. Dass es auf ganz anderem Niveau geht und der Mensch dabei ebenfalls glücklich sein kann, wird Ihnen in Afrika vorgelebt. Ich finde es immer wieder beeindruckend und kaum zu glauben, bei welch bescheidener Habe und ebensolchem Lebensstil die afrikanische Bevölkerung überwiegend eine Lebensfreude und Zufriedenheit ausstrahlt, von der sich insbesondere der deutsche Tourist anstecken lassen sollte.

Bei jedem Urlaub werden meine Maßstäbe zurechtgerückt. So habe ich es verlernt, mich über einen kleinen Kratzer an meinem Wagen, dem Klemmen der Gartenpforte oder aber einen Setzriss in der Hausfassade aufzuregen. Das alles sind Dinge, die es letztlich nicht wert sind, sich davon die Lebensfreude verderben zu lassen oder sich über die Maßen aufzuregen.

Auch in anderer Hinsicht habe ich viel von Afrika gelernt. Ich ärgere mich darüber, wenn bei uns im Haushalt Lebensmittel verderben. Leider kommt dies immer noch von Zeit zu Zeit vor. Ich weiß, dass aus wirtschaftlichen Gründen der Lebensmittelüberfluss, der in Mitteleuropa herrscht, die Not in Afrika nicht lindern kann. Man kann die Dinge eben nicht unter wirtschaftlich vertretbaren Umständen dorthin schicken. Trotzdem schadet das Bewusstsein nicht, dass am

*In den Tirasbergen*

anderen Ende der Welt um Essen und Trinken gekämpft werden muss. Ich habe gelernt, die vermeintlich normalen Dinge hier in Deutschland zu schätzen. Ich dusche bewusster und erinnere mich bei der Gelegenheit daran, dass in den Tirasbergen das Duschen für Farmgäste nicht möglich war, da dort acht Millimeter Jahresniederschlag gefallen waren! Es gab schlicht kein Wasser. Und wenn Sie dann hier zu Hause unter der Dusche stehen und den Hebel der Armatur stufenlos von heiß auf kalt verstellen, lernen Sie diese Alltäglichkeiten zu schätzen.

Zu schätzen lernen Sie auch die Freiheit und Sicherheit hier bei uns. So ist es mir unbenommen, mich kurz vor Dienstantritt auf mein Fahrrad zu schwingen und ins Büro zu radeln. Das können Sie in Windhoek, Johannesburg und vielen anderen Städten im südlichen Afrika keineswegs so einfach tun. Hier sollten bestimmte Viertel mit dem Fahrrad nicht durchfahren werden. Im Übrigen werden Sie ihr Fahrrad mit in ihr Büro nehmen müssen, wenn Sie am Abend damit wieder nach Hause radeln wollen.

Ich habe zwischenzeitlich in Afrika viele Freunde gewonnen. Dies habe ich in erster Linie unserer Tochter zu verdanken, die eine Vielzahl von Kontakten – während ihrer Internatszeit in Windhoek geknüpft – bis heute aufrechterhalten hat. Zwischenzeitlich ist mein Zuhause in Deutschland auch ein zweites Zuhause für viele südafrikanische und namibische ehemalige Mitschülerinnen und Mitschüler unserer Tochter geworden, die in Deutschland studieren oder eine Berufsausbildung machen. Vielfach habe ich Kontakt zu den Eltern dieser jungen Menschen gefunden. Ich habe mir eine zweite Heimat im südlichen Afrika aufbauen können.

So freut es mich, dass mein Zelt beim Walter – meinem Freund in Okahandja – immer für mich offensteht und ich dorthin kommen kann, wann und so oft ich möchte. Letztlich sind alle weiteren Kontakte im südlichen Afrika von dort aus geknüpft worden. Heute verfüge ich über ein dichtes Netz von Verbindungen, die es mir ermöglichen, in Afrika an vielen Dingen teilzuhaben, die einem normalen Touristen zunächst nicht zugänglich sind. So sind beispielsweise die Teilnahme an privaten Feiern, das Privileg, an wissenschaftlichen Projekten mitarbeiten und Großwild mit Sendern ausstatten zu dürfen, Dinge, die man sich über einige Jahre erarbeiten muss. Heute fühle ich mich manches Mal wie „Daktari" – dem Helden meiner Kinderträume: Dass ich jemals in meinem Leben im afrikanischen Busch stehen und an einer Hyäne hantieren würde, Geparden besendere oder aber versuche, Nashörner wieder auf die Beine zu bringen, ist fast unglaublich. In diesen Momenten ist mein

*Im Okawangodelta*

Leben in Deutschland, mein Beruf und alles, was ich an Belastungen mit mir herumschleppe, abgefallen. Ungeachtet dessen freue ich mich jedes Mal wieder auf mein Zuhause, wenn auch das Abheben des Flugzeuges und der letzte Blick auf die afrikanische Savanne schmerzt. Wohl wissend, dass ich wiederkommen werde, mache ich mir klar, dass es auch ganz erhebliche Schattenseiten des vermeintlich so schönen Lebens in Afrika gibt. Hier in Deutschland haben wir es – vom Wetter, das insbesondere von November bis März auf die Seele drücken kann, einmal abgesehen – richtig gut! Wir haben eine soziale Absicherung, die in Afrika ihresgleichen sucht. Wir haben eine hervorragende medizinische Versorgung. Und letztlich haben wir es selbst in der Hand, unsere Lebensumstände so zu organisieren, dass unser Leben hier ebenfalls sehr lebenswert ist. Dessen bin ich mir bewusst, und aus diesem Grunde wird das südliche Afrika wohl immer meine zweite Heimat bleiben.

# Impressum

MusketierVerlag Unternehmergesellschaft
(haftungsbeschränkt)
Konsul-Smidt-Straße 8r
28217 Bremen

PR-Konzept
Rolf Zepp, Verden

Fotobearbeitung
Lasse Müffelmann, Verden

Umsetzung Satz & Gestaltung
Ira Müffelmann, Verden

Druck: Printed in Germany

1. Auflage 2018, Printed in Germany

ISBN 978-3-946635-08-6
(Hardcover)

# Fotos

Kay Müffelmann, Verden
Seite 22, 38, 42,55, 58, 102, 103, 106, 129, 131, 144

Ira Müffelmann, Verden
Seite 12, 19, 31,67, 82, 86, 92, 97, 109, 110, 113

Sine Müffelmann, Verden
Seite 6, 14, 23, 25, 28, 34, 46, 48, 56, 68, 72, 79, 95, 98,
104, 105, 107, 112, 116, 119, 121, 124, 128, 135, 138,
142, 153, 154, 155, 157, 158, 159, 162

Hanne Müffelmann, Verden
Seite 111

Willi Fuchs, Saldenburg, Bayerischer Wald
Seite 61,122

Katharina Kessel, Windhoek
Seite 29,123,125

Sina Schäfer, Landau/Pfalz
Seite 62

Lisa Schmitt, Okambara-Elephant-Lodge, Witvlei
Seite 91

Cover: Porträt vom Autor, Arne von Brill, Verden